ISBN 978-3-937843-60-5

Konzept/Gestaltung: Medien-Verlag Schubert / Thomas Börnchen
Printed in Germany

Inhaltsverzeichnis

Ein idealer Zweisitzer für das Fotografieren aus der Luft: Dieser Sausewind wurde vom ehemaligen Jagdflieger Paul Bäumer in Hamburg entwickelt, erhielt die Zulassungsnummer D-1414, startete 1928 zum ersten Mal und stürzte drei Jahre später ab.

So musste der Fotograf die schwere Kamera halten, um Schrägbildaufnahmen zu machen.

Einleitung

Luftbilder sind eine Herausforderung, erst recht wenn sie aus vergangenen Zeiten stammen: Wie soll man sich auf den alten Schwarz-weiß-Aufnahmen zurechtfinden, wenn nichts mehr ist wie früher? Die hier zusammengestellten Fotografien rufen in Erinnerung, wie Hamburg und seine Nachbarorte vor etwa 90 Jahren ausgesehen haben. Was für ein Reiz, auf diesen alten Bildern auf Entdeckungsreise zu gehen! Viel ist im Krieg zerstört und danach abgerissen und überbaut worden. Vielem muss man mit Wehmut nachtrauern, vieles ist aber auch geblieben.

Die Bilder sind so ausgewählt worden, dass man zum Vergleich von damals und heute angeregt wird: Die begleitenden Texte helfen bei der Orientierung, geben städtebauliche und architektonische Hinweise, erläutern die historischen Umstände, vermitteln Einblicke in das damalige Leben, weisen auf den aktuellen Zustand hin.

Vor allem sind solche Bilder ausgewählt worden, die Details der Stadt zeigen: Großflächige Aufnahmen lassen Zusammenhänge erkennen, aber nicht das damalige Leben nachempfinden. So können zu einzelnen Vierteln, öffentlichen Gebäuden, privaten Häusern, Geschäften, Straßen, Plätzen, Parks, Fabriken und Werften Geschichten erzählt werden.

So kann man sich in die Zeit um 1930 hineinversetzen: Die Jahre der Umgestaltung durch Hamburgs Oberbaudirektor Fritz Schumacher und seine Kollegen in den Nachbarstädten Altona, Wandsbek und Harburg gehen dem Ende entgegen, bedingt auch durch die gerade ausgebrochene Weltwirtschaftskrise. Eine ungewisse politische Zukunft steht bevor.

Die meisten Aufnahmen sind im Tiefflug entstanden: Im Auftrag einer Luftbild-Gesellschaft haben sich Pilot und Fotograf solche Objekte vorgenommen, die für die Stadt charakteristisch sind. Im Blick hatten sie wohl auch, dass mögliche Interessenten die Aufnahmen für Werbezwecke nutzen würden. Es sind alles Schrägaufnahmen, keine aus größeren Höhen aufgenommenen Senkrechtbilder, wie sie die Vermessungsingenieure für ihre exakte Kartografie benötigen.

Die wohlwollende Resonanz auf die erste Veröffentlichung von historischen Luftbildern über „Unser schönes Hamburg" hat Verlag und Autor dazu ermutigt, eine weitere Auswahl mit historischen Aufnahmen vorzulegen. Wiederum wird das gesamte Gebiet von „Großhamburg" mit den 1937 eingemeindeten Nachbarstädten und -orten berücksichtigt. Es gibt ähnliche Motive, aber keine Doppelungen. Einen besonderen Schwerpunkt bildet diesmal der Hafen.

Zu danken ist vielen Kennern Hamburgs für ihre wertvollen Hinweise zur Identifizierung von Aufnahmen. Ein besonderer Dank geht an Carsten Heine, der im Staatsarchiv Hamburg die Sammlung von Luftbildern kompetent und hilfsbereit betreut. Zu wünschen ist, dass der Blick aus der historischen Vogelperspektive dazu anregt, den Veränderungen in Hamburg aus der Froschperspektive nachzuforschen.

Die Türme der Stadt

Die Türme von vier Kirchen prägen das Bild der Altstadt: Neben dem Rathausturm (links) St. Nikolai, verdeckt dahinter St. Petri, im Hintergrund St. Jacobi und links St. Katharinen. Die Neue Burg um die Nikolai-Kirche schützte um 1200 die ersten Kaufleute und ihre Waren. Von der Elbe erreichten ihre Kähne durch einen schmalen Alsterarm die Anlegestellen, wo ein alter Kran stand. Als jedoch eine Hohe Brücke das eingedeichte Vorland mit der von Wasserarmen umringten und durchzogenen Cremon-Insel (rechts) verband, wurde mit dem Binnenhafen in der Elbe ein neuer Liegeplatz für die Segler geschaffen. Ein Neuer Kran wurde errichtet (rechts), der heute sehr altertümlich wirkt. Die Straßennamen der Uferstraße erinnern an frühere Verhältnisse: Kajen (links) weist auf die alte Kaianlage hin, Bei den Mühren (rechts) an die alte Ummauerung. Altertümlich ist hier kaum etwas: Von der Deichstraße links neben dem Alsterarm nahm am Morgen des 5. Mai 1842 der Große Brand seinen Ausgang. Der Bombenkrieg wirkte verheerend, die Fleete des Cremon wurden mit den Trümmermassen aufgefüllt.

Hauptkirche St. Petri

Auf einer kleinen Anhöhe Hamburgs älteste Pfarrkirche: Der Hallenbau mit Seitenschiffen und mehreren Kapellen wird von einem hohen Turm mit schlanker Spitze überragt. Er ruht auf den Resten des mittelalterlichen Vorgängerbaus, der dem Großen Brand 1842 wie fast die gesamte Altstadt zum Opfer fiel. Weil der Wind gedreht hatte, blieb das zwei Jahre zuvor fertiggestellte Geviert auf der anderen Seite des Speersort verschont: Wo bis 1809 der baufällige Dom St. Marien gestanden hatte, herrschte ab 1840 Schulbetrieb, in der Gelehrtenschule Johanneum (rechts) und durch einen Säulengang verbunden in einer Realschule (links); im Quergebäude (rechts unten) war die Stadtbibliothek untergebracht, die sich nach dem Umzug des Johanneums 1914 nach Winterhude mit ihren 600.000 Bänden zur Staats- und Universitätsbibliothek entwickelte. Viele Kunstwerke hatten aus St. Petri vor der Feuersbrunst gerettet werden können. Unangefochten blieb ein alter Hochaltar: Er war bereits 1731 dem von einem Feuer verwüsteten Ackerstädtchen Grabow in Mecklenburg überlassen worden. Geschaffen hatte die 24 farbigen Bilder zur biblischen Geschichte von der Schöpfung bis zur Geburt Christi Meister Bertram van Minden, der sein Werk mit der Jahreszahl 1379 sogar signiert hatte. Nach einem Rückkauf kann es seit 1903 in der Kunsthalle besichtigt werden. Der Bombenkrieg richtete nur im Chor St. Petris Schaden an, die Bibliothek allerdings ging mit vielen ihrer Schätze verlustig und zog an die Grindelallee. Die Freifläche, zunächst als Parkplatz genutzt, soll nun der Reminiszenz an die Anfänge der Stadt dienen.

Warenhaus Karstadt

Ein wuchtiger Bau an einer breit angelegten Straße: Es ist Rudolph Karstadts erstes Warenhaus der festen Preise im Zentrum einer Millionenstadt und war für alle Bedürfnisse des Alltags kurz vor dem Ersten Weltkrieg eröffnet worden. Erbaut von dem Architekten Carl Bensel, ist es mit einer Pfeilerfassade aus hellen Natursteinfassade zur 30 Meter breiten Mönckebergstraße ausgerichtet, während die andere Front zum Pferdemarkt (heute: Gerhard-Hauptmann-Platz) weist, wo seit Jahrhunderten nicht weit vom Tor zur Alster Groß- und Kleinvieh gehandelt wurde. Gesäumt wird die nach einem Bürgermeister benannte Durchbruchstraße durch die Gängeviertel des Kirchspiels St. Jacobi (unten) von mehrstöckigen Kontor- und Geschäftshäusern, darunter das der Teppich-Händler Brüggemann und Barkmann (unten neben der Tragfläche), nach Geschäftsschließung 2006 und einer Modernisierung ein komfortables Bürohaus. Die doppelstöckige Verkehrsader zwischen Hauptbahnhof und Rathaus (links oben) mit der Hochbahn im Untergrund wirkt seltsam unbelebt, so als ob schon damals Autos und öffentlicher Nahverkehr verbannt worden wären: Es liegt aber wohl an der sonntäglichen Ruhe in der inzwischen fast wohnungslosen City. Am oberen Rand sind die Kleine Alster mit den Alsterarkaden sowie am Jungfernstieg der runde Pavillon des Fremdenverkehrsvereins zu erkennen. Nach mehr als hundert Jahren kämpfen die großen Kaufhäuser ums Überleben.

Geschäft an Geschäft in der Mönckebergstraße

Die tausend Meter zwischen Hauptbahnhof und Rathaus sind wie ein Bilderbuch: Es reihen sich auf beiden Seiten Schaufenster an Schaufenster, in dem Doppelblock zwischen Mönckebergstraße und Bugenhagenstraße fast ausschließlich kleine Geschäfte, die um Kunden und Kundinnen werben. Im Klöpperhaus (links angeschnitten) findet man Bücher, Blumen, Südfrüchte, einen Friseur; im Caledoniahaus mit dem großen geschweiften Giebel bietet Carl Tiefental den Herren Modeartikel an; im langen Levantehaus mit den drei Erkern über dem Hauptportal werden Handschuhe, Wäsche, Leder- und Papierwaren, Zigarren und Juwelen angeboten, auch ein Postamt ist dort (wie heute) untergebracht; im Erdgeschoss des Kopfbaus, dem vielgliedrig gestalteten Rolandhaus, hat C.&A. Brenninkmeyer seine Damenkonfektion ausgebreitet. Im reich verzierten Rappolthaus (rechts angeschnitten) lässt Gustav Elsner Schuhe anprobieren, kann man Produkte der Hamburger Cigarrettenfabriken Hacifa erstehen, lassen sich in der Hamburger Bank Geldgeschäfte erledigen. Im Vordergrund erhebt sich mit mächtigen Dächern der Barkhof: Hier kann man Lederwaren, Schirme, Tapeten, Modeartikel, Parfüms, Betten, Schuhe, Backwaren, Honig erstehen; auch ein Kino, die Schauburg, lädt ein. Im Südseehaus schließlich (links angeschnitten) finden sich frisch gerösteter Kaffee und Zigarren, Handschuhe, Damenhüte und Galanteriewaren. Der Bombenkrieg hat viele Schäden hinterlassen. Zwar wurde das meiste im alten Stil wieder aufgebaut, vielfach allerdings ohne die reichgeschmückten Fassaden und die eindrucksvollen Dachkonstruktionen. Filialketten haben die Einzelhandelsgeschäfte abgelöst, Charme&Anmut bietet seine Kollektionen in einem Neubau auf mehreren Etagen an.

Die leicht geschwungene Einkaufsstraße Richtung Rathaus gesehen: Links unten das im Krieg zerstörte Zoologische Museum mit Glasdach, links Mitte das abgeräumte Gängeviertel der Altstadt.

Handelspaläste im Kontorhausviertel

‚Mehr Büro- als Wohnraum' war in den 1920er Jahren die Devise: An die Stelle des Elendsquartiers der südlichen Altstadt, wo Tausende in winzigen Buden und engen Gängen gehaust hatten und im Jahr 1892 dem unbarmherzigen Wüten der Cholera-Epidemie ausgeliefert waren, kamen im Eiltempo mehrstöckige Verwaltungsbauten, allesamt in Klinkerverkleidung: Der zweiflügelige Mohlenhof richtet seine breite Stirn zum Burchardplatz (Vordergrund), links daneben an der Niedernstraße ein Post- und Fernmeldeamt, an der Ecke zum Kattrepel dann der Montanhof, benannt nach dem ersten Schiff der hier seit 1926 residierenden Komrowski-Reederei für die Rhein-See-Schifffahrt; in der Verlängerung im Schopenstehl steht das bereits 1921 fertiggestellte Kontorhaus Miramar, Sitz der Deutschen Großtransportgesellschaft und der Vereinigten Jutespinnerei AG, die über ein Viertel der Spindeln und ein Drittel der Webstühle in der deutschen Juteindustrie herrschte. Die Straße führt zum alten Fischmarkt (ganz links). Wo noch die Reste der alten Bebauung zwischen Kontorhäusern und Jacobi-Kirche (rechts) zu sehen sind, wird erst 1935 weitergebaut, nun allerdings ein Riesen-Wohnblock zwischen Steinstraße und Burchardstraße. 1938/39 erhält dann noch die NS-Zeitung Hamburger Tageblatt hinter dem Miramar am Speersort schräg gegenüber von der Petri-Kirche (links oben) ein Pressehaus, das nach dem Krieg die SPD-Zeitungen *Echo* und *Morgenpost* beziehen. Der Bombenkrieg hat das Viertel weitgehend verschont.

Ein Großmarkt am Deichtor

Zwischen Eisenbahngleisen und Kontorhausviertel: Wo einst Hamburgs erster Bahnhof für die Fahrt nach Berlin über Bergedorf stand, stehen seit 1911 in aller Herrgottsfrühe Gemüse-, Obst- und Blumenhändler mit ihren Pferdekarren für die Versorgung der Millionenstadt bereit. An mehr als 2000 Ständen können sie die frisch geernteten Erzeugnisse des Umlands anbieten. Für besonders empfindliche Waren wurden zwei Hallen in luftiger Stahlkonstruktion errichtet und später mit roten Klinkern verbaut: links ein Zentralbau, in der Mitte eine dreischiffige Basilika; eine Blumenhalle folgt zwei Jahre danach (rechts). Links am Kai konnten die Bauern aus den Vier- und Marschlanden ihre Kähne entladen. Der mächtige Würfel im Hintergrund ist der Sprinkenhof, 1927/28 vom Klinker-Fürsten Fritz Höger errichtet und noch ohne die später angesetzten Flügelbauten; links daneben der geschwungene Bau des Chile-Hauses, ein paar Jahre zuvor vom selben Architekten für den Reeder Henry Sloman aus aufgesparten Backsteinen erbaut, gleichzeitig mit dem danebenliegenden Ballin-Haus (heute: Meßberghof). Nicht der Bombenkrieg, sondern die Stadtplanung der 1950er Jahre hat den alten Bahnhofsplatz dem Autoverkehr geopfert: Hier mündet der Wallringtunnel in die ost-westliche Durchgangsstraße. Das Schandmal der City-Hochhäuser auf dem Gelände des Johannis-Klosters zwischen Blumenhalle und Sprinkenhof ist inzwischen abgerissen worden. Ein großzügiger Spender hat den Umbau der Markthallen für Ausstellungszwecke ermöglicht.

Kaffee, Tee und Tanz im Vaterland

Lebensfreude am Alsterdamm: Ein markantes Eckhaus dominiert die Kreuzung einen Steinwurf entfernt vom Rathausmarkt (rechts von der Tragfläche verdeckt). Hier treffen aufeinander der Jungfernstieg (links unten), der Alster(heute: Ballin)damm (links), der zur Kirche St. Petri hinaufführende Berg (Mitte) und der ebene Plan zum Rathaus. Entworfen hat es der Rathauserbauer Martin Haller, der dem fünfstöckigen Bürohaus ein Türmchen mit Kanzel verpasst hat wie zur Verbeugung hinweg über den viereckigen Fölsch-Block (rechte Mitte) zum Rathausturm. Unter Einbeziehung des benachbarten Hôtel de l'Europe gab es im gesamten Erdgeschoss in prunkvoller Ausstattung viele Gelegenheiten, guten Geschmack zu beweisen: der große Kaffeesaal, eine Teestube, eine Herrenbar und eine Tanzdiele. Wegen der schönen Aussicht auf die Binnenalster bekam das Etablissement den Namen Café Belvedere; mit Ausbruch des Ersten Weltkriegs wurde es in „Kaffeehaus Vaterland" umgetauft, um alle französischen Anklänge zu vermeiden. Es blieb ein beliebter Treffpunkt, brannte im Zweiten Weltkrieg völlig aus, entstand mit neuer Fassade und ohne Türmchen, nannte sich nach Berliner Vorbild Haus Vaterland und bot bis 1964 neben einem Restaurant ein monatlich wechselndes Varieté-Programm. Vierzig Jahre später wurde alles abgerissen, um auf 160 Meter Länge und auf fünf Ebenen in zentraler Lage ein Einkaufsparadies zu schaffen, Europapassage genannt. Der Blick von oberen Etagen auf die Binnenalster ist noch schöner geworden.

Eine Schneise durch das Gängegewirr

Die Kaiser-Wilhelm-Straße (unten) als neue Verbindung zu den westlichen Vororten: Sie wurde 1893 fertiggestellt und führte mitten durch das Gängeviertel der nördlichen Neustadt, wie schon die 25 Jahre zuvor eröffnete Wexstraße (oben quer). Dem Abriss der alten Buden verfiel nur ein schmaler Rand an beiden Seiten: Es dauerte Jahre, bis sich Bauherren fanden, die hier hohe Häuser mit Geschäften, Büros und Wohnungen bauten. 1913 wurde mittendrin ein viergeschossiges Polizei-Asyl für Obdachlose (Volksmund: Pik As) errichtet (jetzt dem Abriss geweiht). Ansonsten wurde wenig in dem Straßendreieck (rechts Kohlhöfen) angetastet. Es war ein Zentrum jüdischen Lebens: Bis 1925 bot man im Straßenhandel Gebrauchtwaren aller Art an, es gab eine Talmud-Tora-Schule und zwei Synagogen (Mitte rechts); allerdings verlagerte sich das Leben mehr und mehr in die Grindelgegend, wo im Jahrzehnt vor dem Ersten Weltkrieg sowohl eine neue Hauptsynagoge wie auch ein neues Schulgebäude errichtet wurden. Von 1934 bis 1937 wurde ein Teil des Gebiets um den Rademachergang und den Kornträgergang (links) saniert: Hier lebten Tausende zusammengepfercht in bis zu 5-stöckigen Wohnhäusern und Hinterhöfen in althamburgischer Bauweise: See- und Schauerleute, Hafenarbeiter wie Ewer- und Kranführer, Packer, Heizer, Kesselreiniger, aber auch Handwerker wie Kürschner, Korbmacher, Schriftsetzer, Dachdecker, Näherinnen wie Schneiderinnen; auffallend viele Rentner und Witwen hatten in alten Sahlwohnungen eine Heimstätte gefunden. Im Stil der Zeit sollten anstelle von Elend und Unterwelt großzügige Wohnblocks ein neues Heimatgefühl schaffen. Renovierte Reste des Gängeviertels sind noch im Bäckerbreitergang (rechts unten) beiderseits der Kaiser-Wilhelm-Straße erhalten geblieben.

Treffpunkt Jungfernstieg

Ein Boulevard zum Bummeln: Wo sich die Damenwelt 250 Jahre zuvor am Südufer der Binnenalster zum beschaulichen Stelldichein einfand, wimmelt es auf der inzwischen fast 50 Meter breiten Straße von Schau- und Kauflustigen, dazwischen Kraftdroschken, Straßenbahnen und Busse für Stadtrundfahrten. Ins Alsterbecken hineingebaut ist leicht gebogen die Anlegestelle mit Wartehalle für die Alsterdampfer, flankiert vom Alster-Pavillon (Mitte), seit 1799 der fünfte Bau, und von einem kleinen Rundbau, dem Reisebüro der Hamburg-Amerika-Linie. Vom Reesendamm (oben Mitte) bis zum Gänsemarkt (unten rechts, nicht mehr im Bild) reiht sich ein Geschäft ans andere: Ungers Modewaren, Hanse-Zigarren, Juwelier Wilkens, das Indanthren-Haus, Salamander-Schuhe, das Warenhaus Hermann Tietz, die Dresdner Bank, der Optiker Campbell, am Eingang zu den Großen Bleichen der breite Hamburger Hof mit spitzen Giebeln, Klockmanns Lederwaren, Ausstellungsräume für Pianos von Steinway, Streits Hotel; eine Erste-Klasse-Unterkunft findet sich am Neuen Jungfernstieg, das Hotel Vier Jahreszeiten (links unten). Zu Beginn der 1930er Jahre hat die Kommunistische Partei Arbeitslose zu Demonstrationen gegen diese beliebte Promenade der vornehmen Welt und gegen das „Schlemmerlokal der Hamburger Pfeffersäcke" aufgerufen: Es blieb nicht bei Schlachtrufen wie *Nieder mit der Notverordnung!* und *Wir haben Hunger!*. Es wurden auch Scheiben eingeschlagen und Luxusautos umgestürzt. Im Bombenkrieg verlor die Häuserfront wenig mehr als die Verzierungen, der Pavillon jedoch brannte nieder: Einheimische und Gäste mussten sich auf altem Sockel erst mit einem flachen Neubau und später mit Fast-Food begnügen. Die Promenade erduldete viele Veränderungen bis hin zur vollständigen Schließung für den Autoverkehr.

Grand-Hotel Vier Jahreszeiten

Am Neuen Jungfernstieg eine Unterkunft der Spitzenklasse: Der neue Weg am Alsterbassin, 1826 aufgeschüttet aus dem Material der Wallanlagen, mit Ufermauer versehen und mit Bäumen bepflanzt, war schnell mit Bürgerhäusern bebaut worden, darunter auch ein kleines Hotel mit elf Zimmern und dem anspruchsvollen Namen *Zu den Vier Jahreszeiten*. Als es 1897 versteigert wurde, griff der 40-jährige Friedrich Haerlin zu, gebürtig aus Stuttgart und Sohn eines Gasthofbesitzers. Er hatte das Hotelmanagement vom Hilfskellner an in der Schweiz und in Frankreich gelernt. Er ließ das alte Haus renovieren und eine Warmwasserheizung installieren, nutzte Nachbarhäuser zur Erweiterung: Schließlich konnte er seinen Gästen alle Bequemlichkeiten der Neuzeit anbieten: 140 komfortable Zimmer sowie 50 Bäder, einen Wintergarten, ein Feinschmecker-Restaurant und einen Grillraum. 1928 wird ein 5. Stock aufgesetzt mit einem Balkon für den Rundblick über die Binnenalster; ein Kupferdach verleiht dem weißen Haus grüne Patina. Der Krieg fügte dem Hotel keinen Schaden zu, umso mehr jedoch seine Beanspruchung als Quartier der britischen Besatzungsmacht. 1952 konnte Friedrich Haerlins Sohn Fritz das Haus wieder eröffnen; er bezog das benachbarte Palasthotel an der Großen Theaterstraße (rechts) in den Komplex ein. Nach dem Verkauf durch seine Erben ging das Haus durch viele Hände, wurde unter Verwendung vieler Erinnerungsstücke eher biedermeierlich als extravagant eingerichtet, erhielt einen großen Wellness-Bereich als traumhafte Entspannungswelt, bietet 156 Zimmer und Suiten an, darunter als Nonplusultra die Royal Suite mit sieben individuell gestalteten Räumlichkeiten.

Der Niederhafen an den Vorsetzen

Das gerade umgebaute britische Kreuzfahrtschiff *Atlantis* mit 450 Erster-Klasse-Passagieren auf Besuch in Hamburg: Die Stadt breitet zum Empfang ihre Arme aus von der St. Michaelis-(links) bis zur St. Jacobi-Kirche (rechts). Der Dampfer hat an der neuen Pontonanlage mit hoher Gitterbrücke festgemacht, die den Niederhafen zur Elbe hin begrenzt. Hier begann im 17. Jahrhundert die Erweiterung des Binnenhafens, den bis dahin ein Schlagbaum im Wasser gesichert hatte; daran erinnert die Niederbaumbrücke, die seit 1880 den Baumwall mit der Wandrahminsel verbindet (Mitte rechts). Bis ins 20. Jahrhundert hinein wimmelte es hier von großen Segelschiffen, die meist abseits an Duckdalben vertäut wurden, wo sie ihre Ladung in Ewer löschten. Die Uferstraße war zunächst von vorgesetzten Baumstämmen (daher der Name Vorsetzen), dann verbreitert von einer Steinmauer geschützt worden. Überwölbt wird sie von der Ringlinie der Hochbahn zwischen den Stationen Landungsbrücken (links nicht mehr im Bild) und Baumwall (rechts); dahinter erhebt sich seit 1910 das auf sechs Stockwerke erhöhte Kontorhaus des Schiffsmaklers und Reeders Robert M. Sloman, wo auch noch andere Reedereien und Hafenbetriebe sowie die Geschäftsstellen des Hamburger Golf- und des Hamburger Polo-Clubs untergebracht sind. Von den bald 70 Häusern an der Landseite der Vorsetzen gibt es kaum eins ohne Wirtschaft im Erdgeschoss; darüber und dahinter ist man eng mit dem Hafen verbunden: Ewer- und Barkassenführer, Schiffsausrüster und Schauerleute, Segelmacher und Kesselreiniger, Ärzte und Friseure, eine Seemannsmission und ein Beerdigungsunternehmer. Eine noch größere Lücke als der Krieg riss 1987 rechts von der Brücke der Bau eines Verlagshauses, das sich dem maritimen Umfeld mit Bullaugen und Relinggeländern anbiedern und mit der Verkleidung in Zinkblech widersetzen möchte; bereits nach einem Vierteljahrhundert gibt das Pressehaus den Standort auf. Wegen einer hohen Flutschutzmauer mit schrägen Treppen sind die Vorsetzen vom Wasser aus nicht mehr zu sehen.

Cap Polonio – festgemacht an der Überseebrücke

Ein schwarzes Schiff mit zwei Masten und drei Schornsteinen zu Füßen von St. Michaelis: Das größte Passagierschiff der Hamburg-Südamerikanischen Dampfschiffahrts-Gesellschaft war kurz vor dem Ersten Weltkrieg vom Stapel gelaufen, dann zum Hilfskreuzer umgebaut worden, kaum zum Einsatz gekommen, nach dem Krieg von den Briten als Beutegut requiriert und für den Rücktransport der Kolonialtruppen genutzt worden. Die Reederei kaufte ihr Flaggschiff 1921 zurück, ließ es nicht bei der Stülcken-Werft gegenüber (unten), sondern bei Blohm & Voss überholen und modernisieren: Die Zahl der Kessel wurde auf 15 erhöht, um die Geschwindigkeit von 18 Knoten zu erreichen, die Maschine von Kohle auf Öl umgestellt, um 100 Heizer und Trimmer einzusparen, eine Funkanlage eingebaut, um auch auf hoher See stets mit der weiten Welt in Kontakt zu bleiben. Der Schnelldampfer für etwa 1500 Passagiere stand im Liniendienst zwischen Europa und Südamerika. Noch lukrativer waren Kreuzfahrten für zahlungskräftige Brasilianer und Argentinier: Die längste ging 1926 von Buenos Aires über die Kanaren und Madeira, San Sebastian und Boulogne nach Hamburg sowie durch Nord- und Ostsee. Mehrfach wurden 24-Tage-Reisen von Hamburg aus an der norwegischen Küste entlang sowie rund um die Ostsee ‚jeweils mit Landgängen, durchgeführt. In der Weltwirtschaftskrise brach das Geschäft 1930 zusammen. Die *Cap Polonio* wartete in Hamburg an der neuen Überseebrücke vergebens auf bessere Zeiten und wurde 1935 verschrottet. Erhalten blieb nur die prachtvolle Einrichtung des Speisesaals der 1. Klasse: Oberingenieur Otto Olbers rettete sie und schmückte mit ihr sein Hotel in Pinneberg, das er nach dem Schiff benannte. Den Platz an der Überseebrücke nimmt seit 1986 der Stückgutfrachter *Cap San Diego* der Hamburg-Süd als Museumsschiff für Veranstaltungen und Ausstellungen ein.

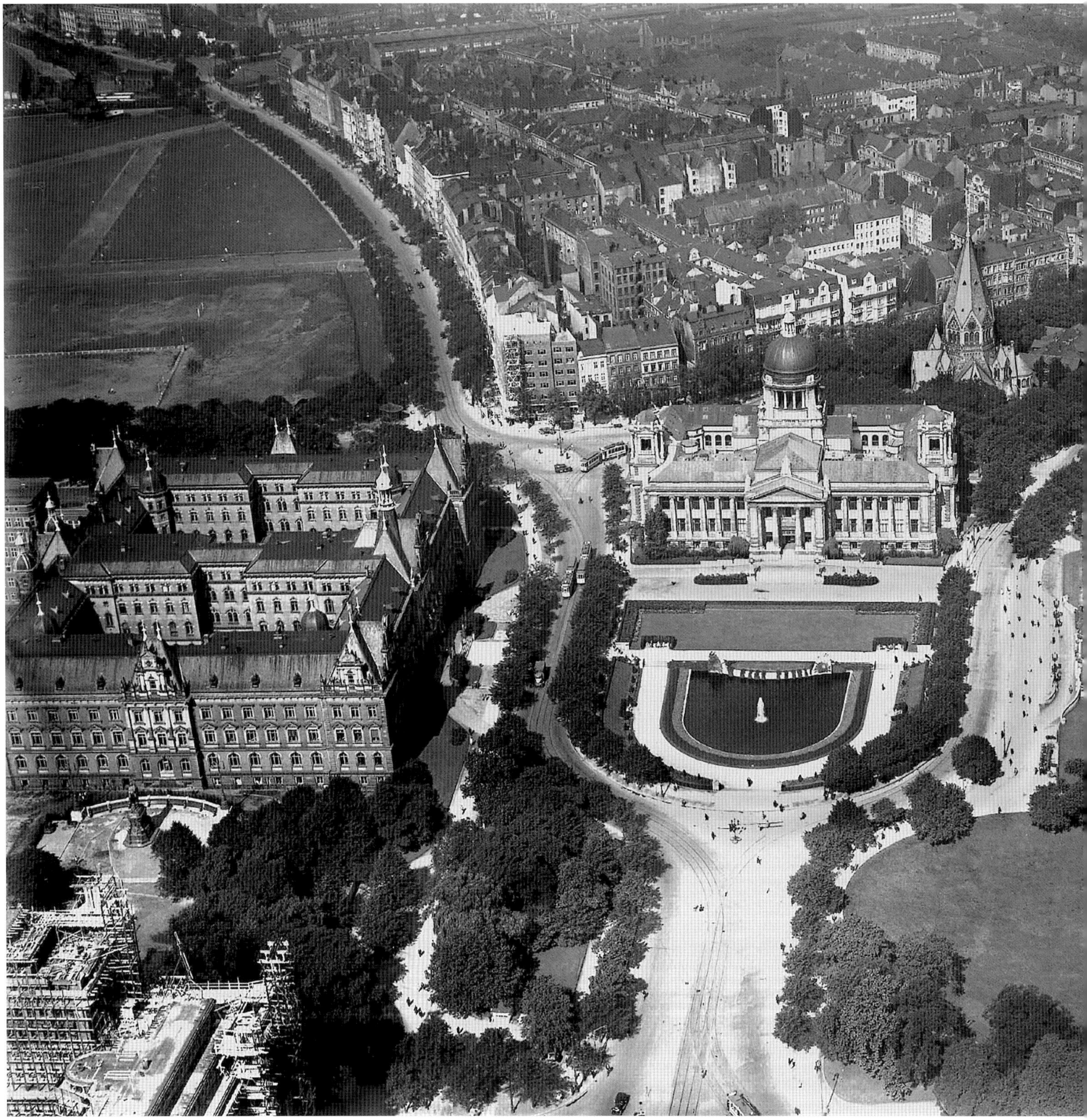

Justizforum Sievekingplatz

Die versammelte Rechtsprechung und die Gnadenkirche im Hintergrund: Mit der Vereinheitlichung des Justizwesens im Deutschen Reich seit 1871 schuf sich Hamburg westlich des Wallrings (vor dem Holstentor) ein Forum der Gerechtigkeit. Zuerst kamen die Straftäter an die Reihe: In den Gerichtssälen des 1879-82 errichteten Strafjustizgebäudes (rechts) erwarteten sie die Urteile nach dem Strafgesetzbuch von 1872; das Untersuchungsgefängnis liegt gleich nebenan (nicht mehr im Bild). Mit dem Inkrafttreten des Bürgerlichen Gesetzbuches im Jahre 1900 konnten auch die Privatkläger im neuen Ziviljustizgebäude (links) vor den Kammern der Amts- und Landgerichte ihr Recht suchen. Die säulengeschmückte Fassade wie die drei Kuppeln heben die besonderen Aufgaben des Hanseatischen Oberlandesgerichts als Appellationsinstanz und als Verfassungsgericht hervor (Mitte), zuständig auch für die Hansestädte Bremen und Lübeck. Benannt wurde die großzügige Platzanlage mit Wasserbassin und Springbrunnen nach dem ersten Präsident des OLG, dem 1909 verstorbenen Ernst Friedrich Sieveking. Gleichzeitig war die Gnadenkirche mit romantischem Turm und moderner Innengestaltung gebaut worden, gedacht für die Betreuung des aufstrebenden Wohn- und Gewerbegebiets zwischen Karolinen- und Feldstraße und dem Heiligengeistfeld (links), wo Sportplätze zu erkennen sind. 1930 wurde das Reiterdenkmal für Kaiser Wilhelm I. mitsamt der ihn umgebenden allegorischen Figuren an den Holstenwall verlegt (links unten), weil es der Verkehrsplanung für den Rathausmarkt im Weg stand. Gröblich verandert wurde das Forum zur Internationalen Gartenbauausstellung 1963: Die Wallanlagen links und rechts wurden abgesenkt, ein Tunnel unterführt nun den Platz.

Repräsentation an der Dammtorstraße

Dem Verkehr, der Musik, der Bildung, dem Geld: An der Verbindungsstraße zwischen der Kreuzung Stephansplatz (oben), wo Hamburgs erste Ampel den Verkehr regelt, und dem dreieckigen Gänsemarkt (rechts verdeckt) sind bedeutsame Bauten zu sehen. 1887 hatte Reichspostminister Heinrich von Stephan zwischen Dammtorwall und Ringwall (später Friedrich-Ebert-, heute Gorch-Fock-Wall) den mächtigen Flügelbau der Oberpostdirektion eingeweiht, überragt von einem Eckturm mit großem Ziffernblatt: Die Post sollte nicht nur Briefe und Telegramme befördern, kündigte er an, sondern jedem einen Telefonanschluss verschaffen. Bereits 1827 war schräg gegenüber das Stadt-Theater (Mitte) eröffnet worden, wo zuvor ein Bauhof Kalkstein zu Mörtel verarbeitet hatte: Es entwickelte sich nach dem Ersten Weltkrieg zur reinen Opernbühne, konnte 1926 sein Bühnenhaus zu schwindelerregender Höhe ausbauen, erhielt viel Anerkennung für seine Verdi- und Wagner-Aufführungen, mit denen es sogar in den USA gastierte, wandelte sich 1934 zur Staatsoper. Zwei Häuser weiter wurde 1912 das Verwaltungsgebäude der Oberschulbehörde fertiggestellt, der erste Staatsbau von Oberbaudirektor Fritz Schumacher, mit einem Erker zwischen zwei Giebeln und einer breiten Klinkerfassade: Untergebracht sind hier auch die Volkshochschule, das Amt für Leibesübungen, das Lichtbildamt, das Prüfungsamt. Zwischen Oper und Behörde der Goldene Schwan mit einer Apotheke und vielen Arztpraxen. Erst 1925 konnte das mächtige Gebäude der Finanzbehörde (unten rechts) mit flachem Rundturm fertiggestellt werden. Mitten im Bau befindet sich das Deutschlandhaus. Im Bombenkrieg ist auf der linken Straßenseite viel zerstört worden, auf der rechten nur der Zuschauerraum des Opernhauses: Hinter neuer Fassade wurde er in verkleinerter Fassung 1955 mit Mozarts *Zauberflöte* wieder eröffnet. Die Schulbehörde hat ihren schmucken Altbau verlassen und ist 1970 in einen schlichten Büroturm an der Hamburger Straße umgezogen.

Ein Bahnhof am alten Dammtor

Vier hochgelegte Gleise unter gewölbter Halle zwischen Moorweide (links) und Botanischem Garten (rechts): Hier empfingen und verabschiedeten die Hamburger und Hamburgerinnen ihre hohen Gäste, Kaiser und Königinnen, Präsidenten und andere Berühmtheiten. Der Dammtor-Bahnhof liegt an der Strecke der 1868 vollendeten Verbindungsbahn, die den Reisenden das Umsteigen zwischen dem Berliner Bahnhof am Deichtor und dem Altona-Kieler Bahnhof erleichtern sollte. Für die Errichtung eines Hauptbahnhofs wurde ab 1900 auch die alte Strecke auf einem erhöhten Damm neu verlegt: je zwei Gleise für die Stadtbahn zwischen Blankenese und Poppenbüttel und für den Fernverkehr aus Osten, Süden, Norden. Zur gleichen Zeit und in gleichem Stil wurden zwei weitere Bahnhöfe gebaut, an der Sternschanze und an der Holstenstraße; nur am Dammtorbahnhof wurden neben den Personen- auch die Schnellzüge abgefertigt. Überdies zeichnete ihn die innere Ausstattung mit Empfangs- und Toilettenräumen, mit Auskunfts- und Verkaufsstellen aus. Besonders auffallend gestaltet waren die Mittelportale der beiden Längsfassaden: Symbole des Welthandels umringen das Hamburger Wappen. Der große Platz ist nach Loigny benannt, einem kleinen Dorf nördlich von Orléans, wo im Deutsch-Französischen Krieg 1870 das Hanseatische Regiment Nr. 76 zusammen mit bayerischer Infanterie die zahlenmäßig überlegenen Franzosen in die Flucht schlug (heute: Theodor Heuss Platz); Kraftdroschken stehen bereit, mit der Straßenbahn gelangt man über den Mittelweg (links) nach Harvestehude, über die Rothenbaumchaussee (unten links) nach Eppendorf, über die Edmund-Siemers-Allee (unten rechts) nach Eimsbüttel. Der 1903 in Betrieb genommene Bahnhof blieb im Krieg unversehrt und wurde um 2000 aufwändig restauriert.

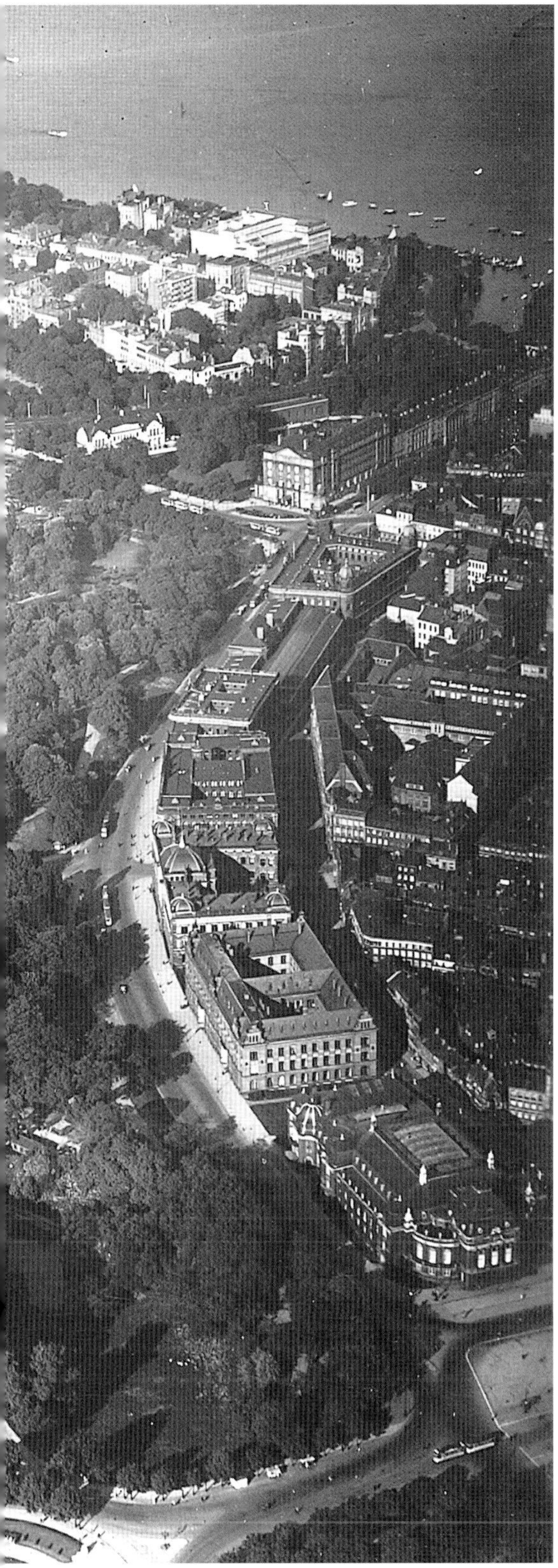

Ein Grüngürtel zwischen Dammtor und Holstentor

Für die Botanik ein Garten und ein Museum: Bei der Umgestaltung der Festungswerke aus dem 30-jährigen Krieg mit Wällen, Bastionen und Wassergräben wurde 1820 auch mit der Anlage eines Botanischen Gartens begonnen; er wurde mit den Jahren immer größer und erstreckte sich schließlich von der Ringstraße entlang des Walls (rechts mit vielen Verwaltungsgebäuden) bis zum Dammtorbahnhof (Mitte halbrechts). Angepflanzt wurden hier in- und ausländische Bäume und Sträucher, Nutz- und Giftpflanzen, Heil- und Küchenkräuter; neben Gewächs- und Tropenhäusern ein norddeutscher Bauerngarten mit niederdeutschen Beschriftungen. An der querlaufenden Jungiusstraße steht das kuppelgekrönte Gebäude des Botanischen Instituts mit angeschlossenem Museum (Mitte): Hier findet sich ein mit Hilfe Hamburger Fernhändler angelegtes Weltherbarium zur Warenkunde für Importeure: Ölpflanzen, Faserstoffe, Nutzhölzer, Lebens-, Genuss-, Arznei- und Futtermittel, Gewürze, Drogen. Getrennt von der Straße „Bei den Kirchhöfen" (Mitte) liegen links nicht mehr benutzte Begräbnisplätze und der inzwischen geschlossene Zoologische Garten mit der Ernst-Merck-Halle (Mitte links). Ein weiterer Friedhof ist links unten zu erkennen. Am Sievekingsplatz (unten Mitte) liegt das Strafjustizgebäude mit dem angehängten Untersuchungsgefängnis am Holstenglacis und der gegenüberliegenden Thaer-Oberrealschule vor dem Holstentor. Vor der Ringstraße und dem Holstenplatz mit der Musikhalle (rechts unten) findet sich ein Rest der ehemaligen Bastion Ulricus mit gekrümmtem Teich. Das Grün der ehemaligen Friedhöfe (links unten) wurde von Messehallen überwuchert. Geblieben ist das gepflegte Grün des Botanischen Gartens, dessen Neuanlage seit 1979 in Klein-Flottbek gedeiht. Das Botanische Institut hat einer privaten Law School Platz gemacht.

Hamburgs Hauptbahnhof

Ein Verkehrsmittelpunkt, eingebettet zwischen der Altstadt (rechts) und der Vorstadt St. Georg (oben): Seit 1906 bündeln sich die Eisenbahngeleise aus allen Himmelsrichtungen unter einer riesigen Halle aus Stahl und Glas und machen die bisherigen Endbahnhöfe für die Strecken nach Lübeck, Berlin und Hannover bzw. an den Rhein überflüssig; links geht es vierspurig über die verbreiterte Lombardsbrücke und Altona weiter nach Kiel und Flensburg. Gelegt wurden die Gleise in mehrjähriger Arbeit in die Tiefe des Stadtgrabens zwischen Glockengießerwall (Abfahrtseite) und Kirchenallee (Ankunftseite). Zwischen den beiden Hauptportalen, jeweils gekrönt mit einem die Weltkugel tragenden Atlas, und den beiden schlanken Uhrtürmen erstreckt sich eine breite und hohe Wandelhalle mit Wartesälen, Gepäckaufgabe, Geschäften, von der man die Bahnsteige über Treppen erreicht. Drei Brücken überqueren die Gleise: Ernst-Merck-Straße, Steintordamm als Verlängerung der Mönckebergstraße und Altmann-Straße; rechts von ihr die Hauptpost am Hühnerposten. Rundherum findet sich viel Kultur- und Geschäftssinn: der Erweiterungsbau der Kunsthalle mit kupfergedeckter Kuppel (links), das 1900 fertiggestellte Schauspielhaus (Mitte), das klotzige Museum für Kunst und Gewerbe (rechts) und das Zoologische Museum (unten Mitte) mit seinen berühmten Walskeletten sowie in fußläufiger Entfernung etwa 40 Hotels. Der Bombenkrieg zerschlug dem Bahnhof fast alle Glasscheiben, zertrümmerte das Zoologische Museum, verschonte eines der ältesten Gebäude, die 1855 eröffnete Wasch- und Badeanstalt am Schweinemarkt (unten Mitte), ein früher Beitrag zur Hygiene in den Armenvierteln der Altstadt: In dem Rundbau mit hohem Schornstein konnte man Wäsche waschen und warme Wannenbäder nehmen. Mit einem runden Parkhaus erinnert ein neues Kaufhaus an die alten Zeiten.

Die Vorstadt St. Georg

Reisende brauchen Herbergen: Nach der Fertigstellung des Hauptbahnhofes 1906 entstand auf der gegenüberliegenden Straßenseite, der Kirchenallee, ein Hotel neben dem anderen; ausgespart blieb nur das bereits 1900 eröffnete Deutsche Schauspielhaus mit konventioneller Kuppel und von Säulen geschmückter weißer Putzfassade (Mitte): In Absprache mit dem Thalia-Theater sah es um 1930 seine Aufgabe darin, die Klassiker vor dem Untergang zu bewahren. Überragt wird alles, auch der wuchtige sechsgeschossige Bau des Bieberhauses (links), vom Turm der Dreieinigkeitskirche: Sie war Mitte des 18. Jahrhunderts an der Stelle der alten Kapelle des hier gelegenen Hospitals vom Heiligen Georg für die Bewohner vor den Toren der Stadt gebaut worden. Trotz der nach der Bahnhofsuhr angezeigten Mittagszeit sind Bahnhofsvorplatz und Allee wenig belebt, die schwarzen Droschken warten vergebens auf Fahrgäste: Es ist die Zeit der Weltwirtschaftskrise, die sich auch auf den Reiseverkehr auswirkt. Die St. Georgs Kirche wird bei den Luftangriffen im Sommer 1943 getroffen und brennt vollständig aus, der Turm wird in alter Schönheit wieder aufgebaut. Das Schauspielhaus bleibt im Krieg weitgehend unversehrt und wird danach von der britischen Besatzungsmacht als Garnisons-Theater genutzt. Im Bieberhaus spielt seit 2011 das 1902 von Richard Ohnsorg gegründete und später nach ihm benannte Theater seine niederdeutschen Stücke: Eine der bekanntesten Schauspielerinnen des Theaters, Heidi Kabel (1914-2010), gab dem Platz davor ihren Namen und erhielt ein lebensgroßes Denkmal.

Ein neuer Dom in St. Georg

Der erste Kirchenneubau der Katholiken nach der Reformation: eine klassische dreischiffige Basilika mit gedrängtem Querschiff und Doppelturm-Fassade in norddeutscher Klinkerverkleidung (Mitte); benannt wurde sie wie der 1805-09 abgerissene alte Dom nach der Heiligen Maria. Jahrhunderte lang war den Katholiken in Hamburg jeglicher Gottesdienst untersagt; geduldet wurde er erst, nachdem ihnen in der Franzosen-Zeit 1811 der Kleine Michel in der Neustadt zugewiesen worden war. Auf der Suche nach einem Grundstück für einen Neubau musste sich die wachsende Gemeinde mit einem kleinen Plätzchen an der Danziger Straße in der aufstrebenden Vorstadt St. Georg begnügen, wo sie bereits ein Waisenhaus mit einer kleinen Kapelle betrieb. Nach kurzer Bauzeit, unterbrochen vom Stillstand während der Cholera-Epidemie, wurde St. Marien im Sommer 1893 unter Anteilnahme von 2000 Gläubigen sowie von Vertretern des Senats und der Bürgerschaft eingeweiht. Aus Geldmangel blieb die Ausstattung zunächst bescheiden: neben dem Hochaltar und zwei Seitenaltären eine Marienfigur aus Sandstein. Eine Ausmalung der Wände erfolgt erst 1922/23, später übergemalt, dann wieder freigelegt; 1930 wechseln die das Häusermeer überragenden Türme ihr Schiefer- gegen ein Kupferdach. Fast zur gleichen Zeit wie die Kirche entstand dahinter ein repräsentatives Gebäude (rechts oben) als „Asyl für konfirmierte Mädchen gebildeter Stände, von Geburt Hamburgerinnen, sowie unversorgte ältere Frauen", das durch die Stiftung des in Mexiko reichgewordenen Hamburger Kaufmanns Carl Heinrich Schmilinsky und seiner Frau Caecilie ermöglicht wurde. Der britische Bombenkrieg verwüstete den Stadtteil, verschonte jedoch die Kirche und brachte ihr einen freien Vorplatz für ein eisernes Denkmal des Heiligen Ansgar in Mönchskutte, des ersten Bischofs der Hammaburg. Als nach der Wiedervereinigung das Erzbistum Hamburg für Norddeutschland geschaffen wird, wird die St. Marien-Kirche zum St. Marien-Dom erhoben. Das Stiftsgelände dient als Teil des Lohmühlenparks sportlichen Betätigungen.

SUMA
HOLSTEN
BIER
HOLSTEN
BIER

St. Pauli-Landungsbrücken

Zum Empfang und zum Abschied bereit: Wo einst die ersten Dampfschiffe angelegt hatten, um die Segelschiffe im Niederhafen nicht zu gefährden, und später die Überseeschiffe der Hamburg-Amerika-Linie, steht seit 1910 nach zweijähriger Bauzeit eine großzügige Anlegestelle zur Verfügung. Auf mehr als 400 Metern reihen sich schwimmende Pontons mit Wartehallen und Geschäften aneinander, etwa alle 50 Meter eine überdachte Brücke zum Landgang an die neue Ufermauer. Gedacht sind die neuen Landungsbrücken für den Schiffsverkehr im Hafen sowie für die Ausflüge auf der Unterelbe und in die Seebäder. Von Brücke 1 am Turm mit der großen Wasserstandsanzeige (oben rechts) fahren sommers wie winters alle halbe Stunde die grünen Dampfer der Großen Hafenrundfahrt ab. Am verbreiterten Kai ein langgestrecktes Abfertigungsgebäude mit zwei Kuppeln: Neben den Wartehallen zur Gepäckabfertigung versehen die Hafenpolizei, der Hafenarzt und der Fleischbeschauer ihre Dienste, kann man sich mit Verpflegung und Genussmitteln versorgen; etwas abgelegen das neue Zollamt mit kleinem Kran (links unten). Auf den Pontons finden sich an schönen Tagen Zehntausende Ausflügler, versammeln sich Hamburger und ihre Gäste, wenn große Schiffe ein- oder auslaufen. Der repräsentative Kuppelbau (Mitte) ist das nördliche Einfahrtsgebäude für die zwei 450 Meter langen Röhren des Elbtunnels: Sie waren 1909/10 in 16 Monaten in Tag- und Nachtschichten unter Leitung des Bauingenieurs Otto Stockhausen vorangetrieben worden, weltweit der erste Unterwassertunnel aus vernieteten Profileisen-Ringen; es gab keine Zufahrtsrampen, sondern sechs Lastenaufzüge an Seilwinden sowie doppelläufige Treppen. Nach der Eröffnung im Herbst 1911 nutzten täglich Zehntausende Hafen- und Werftarbeiter sowie gegen geringe Gebühr Pferdefuhrwerke, Droschken und Autos den Tunnel. Inzwischen ist er nur noch eine Touristenattraktion. Die Pontonanlage wurde im Krieg zerstört, 1953 wiederaufgebaut und für die Schaulustigen auf ganzer Linie mit einem Oberdeck versehen.

Hafenkrankenhaus

Zwischen Hafenkante und Reeperbahn genau der ideale Platz für ein Not- und Unfallkrankenhaus: Im Dreieck zwischen Seewartenstraße (unten queer), Beim Elbpark (rechts) und der Sylter Allee, in dem acht Jahre zuvor Cholera-Baracken gestanden hatten, nimmt nach zweijähriger Bauzeit im November 1900 das Hafenkrankenhaus seine Arbeit auf. Vom langgestreckten Verwaltungsgebäude führt ein geschlossener Verbindungsgang zu zwei Krankenpavillons für Männer (links) und Frauen (rechts) mit Entbindungsstation. Gedacht ist die Einrichtung vor allem für die Behandlung von Verletzten im Hafen, von Werften und anderen Hafenbetrieben, von öffentlichen Straßen und Plätzen sowie kranke Obdachlose und bewusstlose, delirierende oder tobende Patienten. Da auch Gefangene und Inhaftierte zur medizinischen Versorgung hier untergebracht werden, ist das Gelände mannshoch ummauert, gibt es keine Verbindung zwischen Krankensälen und -zimmern, sind alle Türen verschließbar. Ein Beobachtungshaus dient der Aufnahme von Schiffsbesatzungen seuchenverdächtiger Schiffe während der Quarantäne. Angegliedert sind eine Desinfektionsanstalt mit Kesselhaus und ein öffentliches Leichenschauhaus, wo in einzelnen Zellen unbekannte Tote zur Identifizierung ausgestellt werden; im Keller gibt es einen Leichengefrierraum und ein Sargmagazin. Markante Gebäude in der Umgebung waren das Seemannshaus (heute Hotel), der Rundbau des Zirkus Renz mit Varieté-Programm (beide links) und der Trichter, ein Ballhaus (rechts), inzwischen umstellt und überbaut von Hochhäusern. Die Absicht des Senats, die kleinste Klinik der Stadt 1996 aus Rentabilitätsgründen zu schließen, führte zu einem wilden Protest in St. Pauli: „Ein Stadtteil steht auf." Nach einem Runden Tisch gelang es, einen Teil der Gebäude zu erhalten und zu renovieren: Etwa 30 medizinische, therapeutische und soziale Einrichtungen sowie ein türkisches Bad leisten hier einen Beitrag zur Gesundheit in dem divers bewohnten Stadtteil.

Der Blick Richtung Elbe über die Seewartenstraße mit der Kerstin-Miles-Brücke (links) über die Helgoländer Allee, der Turm der Landungsbrücken (rechts) und dem Niederhafen (oben).

Graf Zeppelin über St. Pauli

Das Luftschiff LZ 127 zu Besuch in Hamburg: Am 23. Juni 1930 landete es nach einem Schauflug über die Stadt auf dem Flughafen Fuhlsbüttel. Der nach seinem Erfinder benannte und von dessen Nachfolger Hugo Eckener gesteuerte Zeppelin war der Stolz der Nation: In einer Spendenaktion hatten die Deutschen 1927 mehr als die Hälfte der Baukosten aufgebracht. Auf seinen Reisen sollte es von deutscher Tüchtigkeit künden. Das Leichtmetallgerippe war von einem gasundurchlässig gemachten Baumwollgewebe überzogen. Angetrieben wurde es von fünf in kleinen Gondeln untergebrachten Motoren, die eine Reisegeschwindigkeit von 110 Stundenkilometern erreichten. In einer großen Gondel im vorderen Teil des 237 Meter langen Luftschiffs konnten 20 Passagiere in zehn Kabinen befördert werden, begleitet von 40 bis 50 Besatzungsmitgliedern. In aller Ruhe betrachteten sie Hamburgs Vergnügungsviertel mit der Reeperbahn rechter Hand und dem Heiligengeistfeld linker Hand; vorneweg die Binnen- und die Außenalster. Nach einer Weltumrundung übernahm *Graf Zeppelin* den fahrplanmäßigen Verkehr zwischen Deutschland und Brasilien mit Zwischenstopp in Sevilla, die schnellste Verbindung über den Südatlantik. Sie wurde nach dem Absturz von LZ 129 *Hindenburg* Anfang Mai 1937 bei New York eingestellt, ein paar Jahre später wurde *Graf Zeppelin* verschrottet. Wer will, kann es im Maßstab 1:200 als Modell in Papier nachbauen und zur Erinnerung eine Armbanduhr mit entsprechender Beschriftung erwerben.

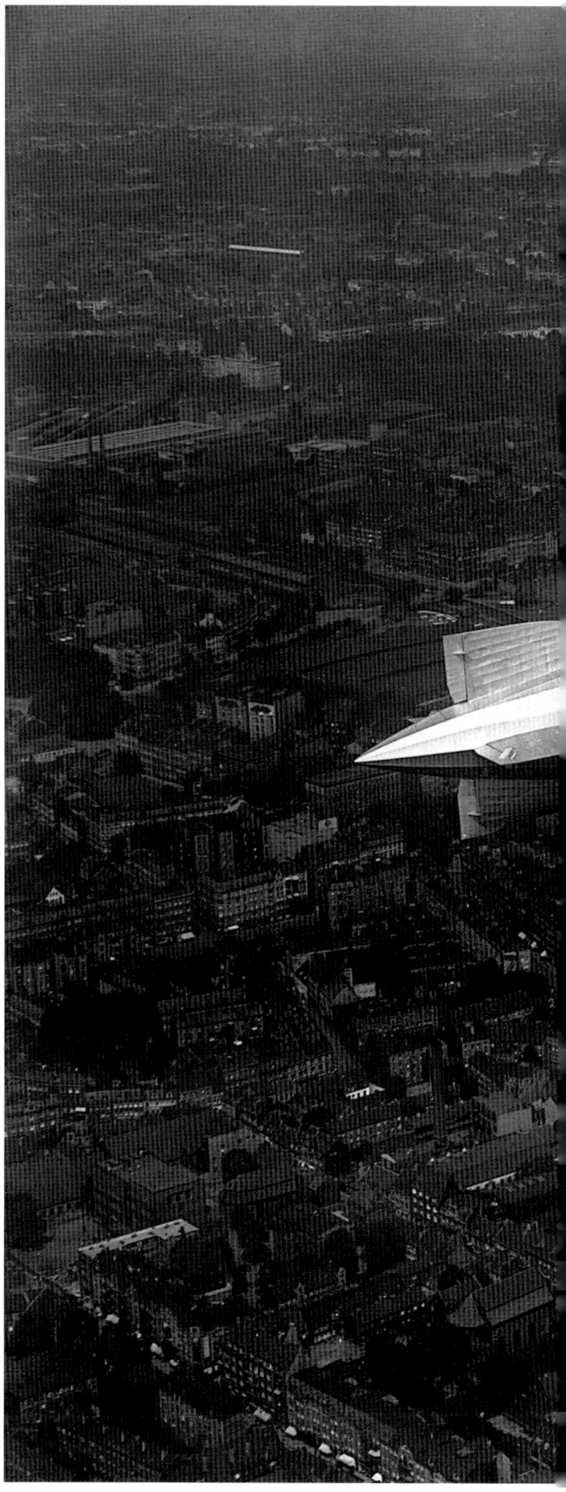

Das Portal zur Reeperbahn

Beim Millerntorplatz (rechts) vier Häuser für die Freunde der leichten Muse: Am auffallendsten in der Mitte der Trichter, außen wegen des verspielten Aufbaus, innen wegen der erlebnisreichen Vergnügungen, Tanzorchester in zwei Sälen und Revuen, die Artisten durch die Luft fliegen, Wassermassen über die Bühne fließen und Prunkfeuer ausbrechen lassen; berühmt sind die Trichter-Girls, die sich zuweilen ganz nackt zeigen. Gleich rechts daneben haben sich mit Front zur Reeperbahn ein Kino-Konzern, eine Schauburg (Eröffnungsfilm: Laster der Menschheit) und das Kaffee Rheinterrassen mit runder Tanzfläche und zwei Kapellen eingerichtet. Schräg gegenüber ist die Volksoper mit einer klassischen Fassade zu erkennen (oben Mitte), wo Berühmtheiten aus Berlin und Wien, aber auch ein Marionetten-Theater aus Neapel auftreten; das in Berlin verbotene Antikriegsstück *Giftgas über Berlin*, veranlasst 1928 durch eine tödliche Phosgen-Wolke aus der Chemiefabrik Stoltzenberg in Wilhelmsburg, darf hier aufgeführt werden. Bescheidener nimmt sich dagegen das Operettenhaus (links) aus, das erste Haus am Spielbudenplatz. Der Bombenkrieg hat hier fast alles zerstört: An gleicher Stelle wieder aufgebaut wurden das Operettenhaus und das links daneben liegende Panoptikum. Am Orte des Vergnügungspalastes begnügte man sich zwischen 1965 und 1988 mit dem Spaß am Bowling; seit 2012 erheben sich hier zwei Türme mit bis zu 24 Stockwerken, die mit einem Knicks so tun, als ob hier (wie früher) getanzt wird. Gegenüber dominiert ein elfstöckiges Millerntor-Hochhaus den Anfang der Reeperbahn: Bereits 1966 war hier ein noch höherer Büro-Turm errichtet worden, der nach weniger als 30 Jahren wegen Asbestbelastung mit Sprengladungen kontrolliert niedergelegt wurde.

Das Heiligengeistfeld in St. Pauli

Ein weites Feld für Ackerbauern und Viehzüchter: Sie gaben bei einer Großen Landwirtschaftlichen Ausstellung im Mai 1929 eine Woche lang den Großstädtern Einblick in ihre Arbeit und präsentierten ihre Produkte. Es gab einen Besuch schwedischer Landwirte, viele Auszeichnungen und am Ende ein Defizit. Die große Freifläche zwischen Feldstraße (oben) und Millerntorplatz (unten rechts) diente ursprünglich dem Hospital zum Heiligen Geist als Viehweide, später den Kanonen auf den westlichen Bastionen des Festungswalls (rechts) als Schussfeld, dann dem Bürgermilitär als Exerzier- und den Kaiserlichen Regimentern als Paradeplatz. Es wurde zum beliebten Ort für Ausstellungen, Schauspiele, Turnfeste, politische Demonstrationen: Am 6. November 1918 nimmt hier die Revolution in Hamburg und Umgebung ihren Ausgang, wird die sozialistische Republik ausgerufen, am 1. Mai 1919 die Völkerversöhnung beschworen; hier endet im März 1921 der Versuch der Kommunisten zur Machtergreifung in einem Blutbad, wird am 26. Juni 1922 nach dem Attentat auf Außenminister Rathenau „Nieder mit den Mördern!“ gefordert, werden beim Aufstand im Oktober 1923 Arbeitslose von der Polizei mal vertrieben, mal eingekesselt. Die größte Bedeutung für die Hamburger und ihre Gäste hat jedoch das seit 1893 hier, abgesehen von Kriegs- und Pandemiezeiten, alljährlich stattfindende Volksfest, „Dom“ genannt nach dem Ort des ursprünglichen Weihnachtsmarkts: Neben den Verkaufsbuden für süße Kringel und dampfende Bratwürste sowie Schaustellungen von sensationellen Wunderdingen und gruseligen Missbildungen waren es vor allem die elektrischen Fahrbetriebe des Karussellbauers Hugo Haase, die die Völkerscharen anlockten. Bebaut wurde das Feld im Zweiten Weltkrieg mit zwei Hochbunkern: Der eine hat dem Vergnügen wieder Platz gemacht, der andere wird aufgestockt und begrünt.

Viehtransport und Schlachthof an der Sternschanze

Vom Güterzug zur Schlachtbank: Es ist nur ein kurzer Weg vom Güterbahnhof (links) unter der Lagerstraße (Mitte) zur 184 Meter langen und 52 Meter breiten neuen Schweineschlachthalle (Mitte unten). Im jüngsten Bau auf Hamburgs Schlachthofgelände zwischen Heiligengeistfeld und Verbindungsbahn sollte das Schlachten hygienischer, schneller und ergiebiger erfolgen. Er entstand auf dem Gelände eines riesigen Lagerhauskomplexes, wo das benachbarte „Zollausland" des Deutschen Zollvereins bis zur Einrichtung des Freihafens 1888 seine Waren zollfrei stapeln konnte und dessen Reste an der Karolinenstraße (rechts quer) noch stehen. Das Schlachtverfahren in den langgestreckten Hallen war mit Rutschen und Hängebahnen durchrationalisiert: Täglich sollten bis zu 8000 Schweine auf Trichinen beschaut, gespült, abgestochen, gebrüht, ausgeschlachtet, zerkleinert und verkaufsfertig gemacht werden. An der Spitze der Lieferanten mit jährlich knapp 600.000 Edel-, Land- und Berkshire-Schweinen standen die Zucht- und Mastbetriebe in Schleswig-Holstein. Beliefert wurden die Fleischereien, Wurst- und Konservenfabriken vor allem in Hamburg und Umgebung. Allerdings war der Fleischverbrauch gegenüber der Vorkriegszeit deutlich zurückgegangen, bei Rind- und Kalbfleisch noch mehr als beim Schweinefleisch: 1931 kam auf jeden deutschen Magen ein knappes Kilo Fleisch in der Woche. Die Gleisanlagen des Güterbahnhofs wurden 2003/04 beseitigt, an der Stelle des Central-Hotels an der Rentzelstraße (Mitte) erhebt sich seit 1968 der Fernsehturm, 1988 wurden die Schornsteine des stillgelegten HEW-Kraftwerks (rechts) abgebrochen; den größten Geländegewinn erzielte dabei die Hamburg-Messe. Der 1996 geschlossene Schweineschlachthof firmiert als Fleischgroßmarkt und steht unter Denkmalschutz.

Der breite Segelschiffhafen, wo die Frachter in Doppelreihe ihre Waren im Strom umschlagen konnten.

Drei Brücken über die Norderelbe

Der Abschluss des Hamburger Hafens im Osten: Bis hierhin wurde das Hafengebiet erweitert, erst rechtselbisch (rechts), dann linkselbisch (Mitte). Der erste, 1872 vollendete Brückenschlag über den 300 Meter breiten Strom diente der zweigleisigen Eisenbahnverbindung über Harburg nach Hannover und Bremen. Getragen wurde sie ursprünglich wie auch die 1887 als Ersatz für die bisherige Dampffähre errichtete Neue Elbbrücke für Fuhrwerke und Pferdbahnen (unten) von drei gewaltigen und girlandig gestalteten Eisenbogen. Nach der Eröffnung der dritten, der Freihafenbrücke 1926 erhielt die auf vier Gleise erweiterte Eisenbahnbrücke unmittelbar daneben eine ähnliche Trägerkonstruktion. Dabei verlor sie ihre hohen Portale auf beiden Uferseiten, anders als die Straßenbrücke: Zwei von Zinnen gekrönte Türme flankieren die beiden Durchfahrten, dazwischen sechs gotische Fensternischen mit den Wappen ehemaliger Hansestädte und in der Mitte das in Stein gehauene Hamburger Wappen. Zur Einweihung des Freihafens 1888 hatten die Hamburger in Vorbereitung auf den Welthandel nicht nur die Speicherstadt errichtet, sondern auch weitere Hafenbecken vor der Brückenschranke ausgebaggert, mit Kaimauern und Schuppen ausgestattet: Den Baakenhafen (rechts) mit Fruchtschuppen, den Moldauhafen (Mitte) mit Lastkähnen für die Fahrt Elbe aufwärts, daneben den breiten Segelschiffhafen, wo die Frachter wie früher nicht nur am Asia- und Amerikakai, sondern auch an Duckdalben festmachen, um ihre Ladung zu löschen, dann den Hansahafen (links) mit dem Bremer Kai, den Indiahafen mit dem Australia- und Afrikakai und den Südwesthafen mit dem Togo-, Windhuk- und Kamerunkai. Die Brücken blieben vom Krieg verschont: Die Straßenbrücke verlor mit ihrer Verbreiterung 1957 ihre beiden Portale, die Eisenbahnbrücke erhielt 1980 eine Ergänzung für die S-Bahn, die Zukunft der Freihafenbrücke ist ungewiss.

Die ersten Hafenbecken auf dem Großen Grasbrook

Das argentinische Segelschulschiff *Presidente Sarmiento* mit Dampfmaschine vor der Kulisse der Urzelle des modernen Hafens: Als in den 1860er Jahren das eiserne Dampfschiff das hölzerne Segelschiff an Beladung und Geschwindigkeit überholte, änderte Hamburg die Umschlagtechnik. Nicht mehr mitten im Strom von Schiff zu Schute, sondern an zuerst aus Holz, dann aus Stein befestigten Kaimauern sollten die Waren entladen werden; auf der Mauer zur Erleichterung und Beschleunigung der Arbeit zuerst mit Dampf, dann elektrisch betriebene Kräne, dahinter lange Schuppen zur Zwischenlagerung und dahinter Anschlüsse an den Eisenbahn- und Straßenverkehr. 1866 wurde im neu geschaffenen Sandtorhafen der Sandtorkai (Mitte) eröffnet, mit Gründung des Deutschen Kaiserreichs 1871 der gegenüberliegende Kaiserkai. An der gemeinsamen Spitze mit dem Grasbrookhafen errichtete Wasserbaudirektor Johannes Dalmann 1875 ein massiges sechsstöckiges Speichergebäude (rechts unten: Kaispeicher A). Sein Turm hatte weithin Signalwirkung: Wenn der schwarze Ball kurz vor 12 Uhr am Nullmeridian in Greenwich im eisernen Dachgerüst hochgezogen wurde und pünktlich herabfiel, konnten die Kapitäne in Sichtweite ihre Chronometer korrekt einstellen; vier große Ziffernblätter gaben den Wasserstand der Elbe an. Die Speicherstadt auf dem Kehrwieder (rechts oben) bildete nach dem Zollanschluss Hamburgs das Zentrum der Lagerhaltung im Freihafen; die Niederbaumbrücke trennte nun den Binnen- vom Niederhafen und sorgte für eine Verbindung zur Hochbahnstation Baumwall (links oben). Abgesehen von der Speicherstadt ist nichts erhalten und alles der Hafen-City gewichen; auf den Fundamenten des Kaiserspeichers thront die Elbphilarmonie.

Schiffbau am Reiherstieg

Zahlreiche Werften am Südufer der Norderelbe gegenüber der Speicherstadt und den Landungsbrücken: Sie liegen auf dem Kleinen Grasbrook (rechts) und auf Steinwerder (links), beiderseits des Reiherstiegs, der sieben Kilometer langen Verbindung zwischen Süder- und Norderelbe. Die Nachfrage nach immer größeren Schiffen wuchs mit dem zunehmenden Welthandel. An der Mündung (rechts) baute seit 1861 die Reiherstiegwerft Schiffe; durch die Übernahme benachbarter Werften stieg sie zur drittgrößten Werft Hamburgs auf, wurde ihrerseits aber 1927 von der 1918 auf Finkenwerder gegründeten Deutschen Werft übernommen und auf Reparaturarbeiten reduziert. Der Schiffszimmerer Hinrich Stülcken verlegte seinen Betrieb aus Altona auf die andere Seite der Elbe nach Steinwerder, wo er, sein Sohn Heinrich und sein Enkel Julius Schiffe reparierten und bauten, erst aus Holz, dann aus Eisen; vor allem Fischdampfer wurden unter den Hellinggerüsten mit ihren Laufkränen auf Kiel gelegt. Die großen Werften verfügten über Schwimmdocks, in die Schiffe zur Überholung eingedockt wurden; zwischen den beiden Helgen der Reiherstiegwerft ist ein Trockendock zu erkennen: Erst wird das Schiff hineinbugsiert und abgestützt, dann das Tor geschlossen und das Wasser abgepumpt. Entlang des Reiherstiegs haben sich viele Betriebe zur Versorgung der Schiffe angesiedelt: Ausrüster nach dem Stapellauf, Schiffsmaler, Kessel- und Tankreiniger. Die Beschlagnahmung der gesamten deutschen Handelsflotte durch die Sieger des Ersten Weltkriegs hat in den 1920er Jahren zu einem beträchtlichen Aufschwung der Werftindustrie geführt, der jedoch mit der Weltwirtschaftskrise zu Ende ging und erst einige Jahre später wieder Fahrt aufnahm, nicht zuletzt durch Aufträge der Kriegsmarine. Nach dem Zweiten Weltkrieg waren die Werften von Zerstörung und Demontage bedroht, nur allmählich konnte die Arbeit wieder aufgenommen werden, bis es in den 1960er Jahren zur Werftenkrise kam. Das Gelände der Stülcken-Werft zieren seit 1994 bzw. 2001 zwei Musical-Theater.

Blohm & Voss auf Kuhwerder

Das größte geschlossene Werftgelände der Welt: Die 1877 gegründete Schiffswerft und Maschinenfabrik der Ingenieure Hermann Blohm und Ernst Voss begnügte sich zunächst mit einer kleinen Parzelle an der Elbe und pachtete nach erfolgreichen Bauten 1905 das Gelände bis zum Kuhwerder Hafen (Mitte) mit Trockendocks, einem Stichkanal zum Reiherstieg (rechts) und einem Elbtunnel als Weg zur Arbeit für Tausende von Werftarbeitern. Gleichzeitig erhielt die Hamburg-Amerika-Linie den danebenliegenden Kaiser-Wilhelm-Hafen (unten) mit dem Auguste-Victoria- und dem Kronprinzenkai samt Schuppen und Kränen allein für ihre Seeschiffe zur Pacht. Was lag für die Hapag näher, als bei Blohm & Voss die weltweit größten Passagierschiffe in Auftrag zu geben, die 1913 als Vaterland und 1914 als *Bismarck* vom Stapel liefen; in den 1920er Jahren folgten kombinierte Fracht- und Fahrgastschiffe mit starken Antriebsmotoren. Für die Hamburg Süd entstanden 1917 die *Cap Polonio* und 1927 die *Cap Arcona*, für den Norddeutschen Lloyd in Bremen 1928 das Fahrgastschiff *Europa*. Die Reederei F. Laeisz erhielt Segelschiffe: 1905 die *Pamir*, 1911 die *Passat* und die *Peking*. 1933 wurde ein Segelschulschiff abgeliefert, benannt nach dem Finkenwerder Schriftsteller Gorch Fock. Auch die Kriegsmarine sparte nicht mit Aufträgen: Vor den Kriegen Großkampfschiffe, während der Kriege vorwiegend U-Boote. Im Zweiten Weltkrieg fielen viele Bomben auf das mittlere Hafengebiet, die Zerstörungen hielten sich aber in Grenzen: Während die britische Besatzungsmacht zur Versorgung ihrer Truppen den Wiederaufbau von Lagerschuppen förderte, ließ sie es nicht nehmen, die Helgengerüste des Konkurrenten Blohm & Voss zu sprengen und den Rest zu demontieren. Ab 1951 wurde der Werftbetrieb wieder Schritt für Schritt aufgenommen: 1955 lieferte Blohm & Voss mit der *Wappen von Hamburg* wieder das erste seetüchtige Schiff ab. Drei Jahre später wurde die 2. *Gorch Fock* als Segelschulschiff an die Bundesmarine übergeben. Das Bauprogramm Hamburgs letzter Großwerft umfasst vor allem Megayachten, Containerschiffe und Fregatten.

Versorgungsbetriebe an der Billwerder Bucht

Wasser, Strom und Gas für die Großstadt: Anfang Mai 1893, ein Jahr zu spät, um den Ausbruch der großen Cholera-Epidemie zu verhindern, nahm die Anlage der Filterbecken (links) den Betrieb auf, die das aus der Elbe geschöpfte Wasser reinigte und über die Wasserkunst in Rothenburgsort an die Hamburger Haushalte lieferte; die Filtrieranlage liegt auf der Insel Kaltehofe, enstanden, als Jahre zuvor die Norderelbe nach Süden hin verkürzt worden war und der alte Verlauf als Holzhafen und Liegeplatz für Binnenschiffe diente. Anfang 1917 ging zwischen Tiefstack und Moorfleeter Kanal (Mitte oben) das Kohlekraftwerk der Hamburgischen Electricitäts-Werke ans Netz: Sie versorgten die Straßenbahnen mit Antriebskraft, Straßen sowie Häuser mit Licht und nutzten die vier 100 Meter hohen Schornsteine als Firmenlogo. Noch etwas höher ist der 1930 fertiggestellte eiserne Zylinder (links) der Hamburger Gaswerke auf Billwerder: Er diente der Speicherung des Stadtgases, gewonnen bei der Verkoksung der meist aus England gelieferten Steinkohle in den umliegenden Kammeröfen. Die Nachfrage der Wärmewirtschaft war gestiegen, auch weil immer mehr Haushalte vom Kohle- auf den Gasherd umrüsteten: Er erfüllte alle Wünsche nach Bequemlichkeit der Bedienung, Reinlichkeit, Sicherheit und Wirtschaftlichkeit; für den Kocherfolg wurde trotzdem zur Sparflamme geraten. Erschlossen wurde das Industriegebiet von vielen Bahnanschlüssen, bedient vom Rangierbahnhof Rothenburgsort (links). Mit der Umstellung auf Grundwasser wurde das Filtrierwerk Kaltehofe stillgelegt; an der Stelle des Kohlekraftwerks steht seit 2009 ein Gas-Dampf-Kombikraftwerk; nach der Umstellung auf Erdgas wurde die Kokerei stillgelegt und der Gasometer abgebrochen.

Die Schule am Slomanstieg mit ihrem großen Sportplatz

Eine Großwohnsiedlung auf der Veddel

Am Südufer der Norderelbe (oben) zwischen Eisenbahn (links) und Straßenverkehr (rechts): Auf dem Gelände einer vom Hamburger Reeder Robert Sloman jr. geschaffenen Arbeitersiedlung entstanden 1926-1931 mehrere Wohnblocks und Häuserzeilen, die eine neue Schule mit Sportplatz (Mitte) und die seit 1905 bestehende Immanuel-Kirche einrahmen. Es gab strenge Vorgaben der Baubehörde: vier bis fünf Geschosse, Flachdächer, dunkle Klinkerverkleidung. Die gemeinnützigen Kleinwohnungsbaugesellschaften boten Wohnungen mit bis zu drei Zimmern, Küche und WC an. In den Innenhöfen gab es etwas Grün sowie Plätze zum Wäschetrocknen und Teppichklopfen. Die Bewohner konnten ihre Arbeitsplätze fast unmittelbar erreichen, etwa den Moldau-Hafen (links oben) und den Saale-Hafen (links Mitte). Finanziert wurde das Vorhaben mit Hilfe der stark gestiegenen Zuschläge zu den Grundsteuern. Die 1932 eröffnete Volksschule mit ihren beiden Flügeln zwischen Wilhelmsburger Straße und Slomanstraße bot Platz für 38 Klassen, eine Aula, eine Turnhalle, einen Gymnastiksaal und eine Zahnklinik (links) sowie eine Bibliothek (rechts). Die Bombenschäden hielten sich in Grenzen, nur die Kirche musste auf dem alten Fundament wieder neu aufgebaut werden. Ihren Rückhalt im Stadtteil verlor sie trotzdem: Sie kann nur noch auf 700 Gemeindemitglieder zählen gegenüber etwa 4500 Einwohnern aus 90 Ländern; mit der Wandlung zur kulturellen Begegnungsstätte wurde das Gestühl aus dem Kirchenraum entfernt und der Klang der Glocken durch Musik aus Lautsprechern ersetzt. Die Schule auf der Veddel (vorher: Schule Slomanstieg) hat sich als Beitrag zur Entkolonialisierung dafür eingesetzt, den Straßen Slomans Namen zu nehmen. Der 1934 aufgestellte Findling zur Erinnerung an die Sloman-Siedlung steht noch auf dem Schulgelände.

Ein Schiffsfriedhof in Waltershof

Hamburgs Frachtdampfer zu dritt und viert eng vertäut am Burchardkai: Sie liegen fest, weil die Weltwirtschaftskrise seit 1930 den Welthandel um mehr als ein Drittel schrumpfen lässt. Der Waltershofer Hafen westlich vom Köhlbrand (oben), der Zufahrt zu den Harburger Seehäfen, war gerade erst mit einer überbreiten schwergewichtigen Kaimauer für den Getreideumschlag ausgestattet worden. Für weitere stillgelegte Schiffe ist Platz an den eingerammten Pfahlbündeln, den Duckdalben, in der Mitte und am Predöhlkai (rechts), an den sich der Griesenwerder Hafen anschließt (rechts nicht mehr im Bild); das Becken für den geplanten Mühlenwerder Hafen ist noch nicht ausgebaggert (links). Diese Erweiterung des Freihafens im Westen ist mit Preußen abgesprochen, seine Häfen in Altona und Harburg bilden mit Hamburg eine Gemeinschaft. Die zugesagte Eisenbahnverbindung ließ allerdings auf sich warten: So mussten beim Rugenberger Flussschiffhafen (oben rechts) zwei rechteckige Fähren im Halbstundentakt jeweils sechs Waggons auf einem Hebedeck über den Köhlbrand transportieren. Für spätere Zeiten hatte man an einen Tunnel gedacht, in den 1930er Jahre wurde eine Hochbrücke geplant, aber erst 1974 realisiert. In den 1950er Jahren nutzte Volkswagen den Burchardkai für die Verladung von Personen- und Lastkraftwagen nach Übersee. Die Große Flut von 1962 machte allem ein Ende, auch vielen Ausgebombten und Flüchtlingen, die auf Waltershof notdürftig untergekommen waren. Wenige Jahre später begann Hamburg hier mit der neuen Umschlagtechnik: Der Waltershofer Hafen ist inzwischen von riesigen Containerbrücken umsäumt, links und rechts stapeln sich die Blechkisten. Wer auf der Fahrt nach Süden den neuen Elbtunnel am Köhlbrand verlässt, sieht sie rechter Hand an den beiden Kais.

Der Petroleumhafen in Waltershof

Ein Sammelplatz des Erdöls und seiner Verarbeitung: Hier konnten bis zu einem Dutzend Tankschiffe an Löschbrücken anlegen; in der Wirtschaftskrise war es wegen der gesunkenen Nachfrage gerade mal ein Tanker. Riesige runde Tanks standen bereit, in die das flüssige Gold aus Texas, Mexiko und Venezuela durch bewegliche Schläuche abgepumpt und durch lange Rohre zur Anlage der jeweiligen Ölgesellschaft geleitet wurde. Der kostspielige Transport des Mineralöls in Fässern war weitgehend beendet. Rohöl konnte hier auch zu Benzin und Dieselöl raffiniert werden: Der Bedarf an Treibstoff für Autos, Flugzeuge, Motorschiffe wuchs ständig. Das bereits vor dem Ersten Weltkrieg angelegte Hafenbecken lag aus Sicherheitsgründen weit draußen am Eingang des Hafens, unmittelbar hinter der Lotsenstation und dem Jachthafen (Mitte rechts). Hinter dem Köhlfleet liegt die Elbinsel Finkenwerder mit der Deutschen Werft (oben rechts), eingerahmt von der versandenden Süderelbe (oben). Im Krieg wurden im Sommer 1944 bei gezielten Luftangriffen auf die deutsche Mineralölindustrie auch Tanks im Petroleumhafen von Bomben getroffen: Die Brände konnten zwar schnell gelöscht werden, aber der Inhalt verseuchte den Boden. Hamburg blieb auch nach dem Krieg Deutschlands größter Umschlagplatz für Erdöl, bis in Wilhelmshaven Liegeplätze für Großtanker errichtet und Pipelines über die Alpen gelegt wurden. Das Gelände zwischen Hafenbecken und Elbe wurde zwischen 2010 und 2020 bis in elf Meter Tiefe saniert. Die Planung für das neue Hafenbecken sieht vor, dass dort zwei Großschiffe ihre Container abladen können. Für die Energieversorgung stehen in Waltershof Windkrafträder mit jeweils drei 67 Meter langen Flügeln bereit.

Eine Kirche vor dem Dammtor

Ein 77 Meter hoher Turm im Westen, ein langes Schiff mit Chor im Osten, ein kurzes Querschiff und neun spitze Türmchen: *St. Johannis* steht seit 1882 im Mittelpunkt der beiden schnell wachsenden Stadtteile Harvestehude und Rotherbaum, nicht weit von der Außenalster. Viele vermögende Familien hatte es aus der Innenstadt ins Grüne gezogen. Sie sammelten Geld, gründeten eine Kirchengemeinde, wählten den Senator Johann Georg Mönckeberg, Sohn eines Predigers, zum Vorsitzenden des Kirchenvorstandes, erhielten vom Senat die Restsumme für den Kirchenbau und entschieden sich für den Entwurf des Architekten Wilhelm Hauers aus Hannover: Er hielt sich an die alte Sitte, den Altarraum zum Sonnenaufgang auszurichten, und pflegte den Baustil des Mittelalters mit Langhaus und rotbraunen Ziegelsteinen. Viele Spender und Spenderinnen sorgten für die Ausstattung mit Taufstein, Kanzel, Medaillons, Glocken, Apostelfiguren und einer Christusstatue. Die in Tirol gefertigten Glasfenster bilden den Zyklus der heiligen Geschichte von Adam und Eva bis zur Offenbarung des Johannes ab; diesem Namensgeber der Kirche widmete sich der erste, aus 65 Bewerbern erwählte Pastor Otto Weymann aus Berlin in seiner Antrittspredigt. Abgesehen von einer alten kleinen Häuserzeile (Mitte rechts), wo ein Schuster, ein Glaser, ein Schlosser und ein Maler ihre Werkstätten haben, ist die Bebauung in den folgenden Jahrzehnten stark verdichtet worden: Hinter den großzügigen Einzel- und Etagenhäusern am Mittelweg für Kaufleute, Professoren, Ärzte, Rechtsanwälte (quer von oben links nach Mitte rechts) erstrecken sich Hinterhöfe und Terrassen für Handwerker und Kleinhändler. Seit 1912 amtiert Johannes Reinhard im Pastorat (Eckhaus unten Mitte): Er bringt in den folgenden 35 Jahren die Kirche unangefochten durch schwierige Zeiten. Sie hat inzwischen eine neue Orgel erhalten und sich auch mit Konzerten einen Namen gemacht. Der Turmweg (links unten) hat sich zur beliebten Marktstraße entwickelt, nördlicher Nachbar ist seit 2000 die Jugendmusikschule.

Sportanlagen in Harvestehude

Ein Fußballmatch vor gut gefüllten Rängen: Auf dem 110 mal 75 Meter großen Spielfeld stehen sich 22 Fußballer unter der Leitung von einem Schiedsrichter und zwei Linienrichtern gegenüber. Die eine Mannschaft trägt rote Hosen und weiße Hemden, die Farben ihrer Heimatstadt, und gehört zum Hamburger Sport-Verein, kurz HSV. Er war am 1. Juni 1919 aus dem Zusammenschluss von drei Vereinen entstanden, dem Sport-Club Germania von 1887, dem Hamburger Fußball-Club von 1888 und dem Eppendorfer Fußball-Club Falke von 1906. Bereits 1910 hatte der HFC das Gelände zwischen Turmweg (rechts unten) und der Reithalle an der Hallerstraße (Mitte) gepachtet, ein großes sowie ein kleines Spielfeld angelegt und alles umgittert. Für den Breitensport wurden eine Sprunggrube und eine Aschenbahn geschaffen, die Tribünen für 30.000 Zuschauer ausgebaut. Als es 1928 um die Deutsche Meisterschaft ging, wurde das Spiel gegen Hertha BSC jedoch in das noch größere Altonaer Stadion im Volkspark verlegt und mit 5:2 gewonnen. Auf dem Gelände der ehemaligen Radrennbahn zwischen Haller- und Heimhuderstraße (oben Mitte) haben sich nach dem Ersten Weltkrieg junge Alstersegler als Wintervergnügen einen Hockey-Platz eingerichtet; in den folgenden Jahren kamen Tennisplätze hinzu, einige wurden für Wettkämpfe sogar mit Tribünen versehen. Der kleine Ball zog weniger Zuschauer an als der große, blieb aber dem Gelände treu: Für nationale und internationale Turniere wurde der Centre Court immer weiter ausgebaut, 1997 mit einem beweglichen Dach versehen und auf 10.000 Sitzplätze beschränkt. Die Fußballer bekamen auch überdachte Tribünen, verzogen sich aber immer häufiger in den Volkspark und überließen erst das Gelände am Turmweg dem Wohnungsbau, dann um 2000 dasjenige an Rothenbaumchaussee und Hallerstraße einem Multimediazentrum.

Der Klosterstern in Harvestehude

Kreisverkehr über einer U-Bahnstation: Sechs Straßen münden in diesen Knotenpunkt, wo die Chaussee nach Eppendorf (unten, heute: Rothenbaumchaussee) eine Biegung nach links macht (oben). An das ehemalige Nonnenkloster in Harvestehude erinnern nur noch die Straßennamen in der Umgebung: Das Jungfrauental (links) führt in das alte Klosterland, von einem geradlinigen Straßennetz durchzogen und um 1900 mit Etagen- und Stadthäusern sowie Einzelvillen dicht bebaut. Dort liegt auch der Innocentia-Park, benannt nach einer unschuldigen Nonne, die wegen eines angeblichen Liebeshandels mit einem Ritter den Tod erleiden musste. An den Ordensgründer, dessen Regeln die Nonnen befolgen sollten, erinnert die St. Benedict-Straße (Mitte rechts), die den Nonnenstieg kreuzt und zur Heilwigstraße führt, die den Namen der Gründerin des Klosters im 13. Jahrhundert trägt, der Frau des Grafen Adolf IV. von Schauenburg. Eine große Bewährungsprobe bestand der Platz beim Bau der neuen U-Bahnlinie von der Kellinghusenstraße zum Jungfernstieg: In offener Bauweise wurde mit Greifbaggern und Förderbändern die Grube für die kurvige Haltestelle und die Strecke unter dem Eppendorfer Baum (oben links) ausgehoben. Die unscheinbaren Zugänge zur Tunnel-Haltestelle an der Rothenbaumchaussee (unten links) sind im Originalzustand erhalten. Im Sommer 1929 wurde die neue Verbindung zur Entlastung der Straßenbahn eröffnet. Umsäumt wird der Platz von Etagenhäusern mit Geschäften im Erdgeschoss: Apotheke, Drogerie, Färberei. Aus gutem Grund hat die Deutsche Bank hier eine Filiale (links unten) eingerichtet: Das Klosterland ist reich mit Millionären gesegnet.

Das Generalsviertel in Eimsbüttel

Etagenhäuserblocks an baumbestandenen Straßen zwischen Eppendorfer Weg (quer) und Bismarckstraße (oben, nicht mehr im Bild): Geplant wurde das Viertel westlich der Hoheluftchaussee auf ehemaligen Viehweiden nach Bismarcks Einigungskriegen gegen Dänemark, Österreich und Frankreich 1864-1871. Entsprechend patriotisch fielen die Straßenbenennungen nach den siegreichen Generälen Moltke, Wrangel, Roon und Manstein aus. Die Investoren hatten vor allem an wohlhabende Schichten gedacht, die sich eine Lage an der Alster nicht leisten konnten, aber doch vornehm repräsentieren wollten. Nach 1900 wurde mit Blücher, Gneisenau und Scharnhorst auch noch der Befreiungskriege gedacht. Den Mittelstand lockte es ebenfalls in diese ruhige Wohngegend: Seine Angehörigen erhielten am Scheideweg (oben), der Grenze zwischen Eppendorf und Eimsbüttel, und an der Goebenstraße (Mitte), benannt nach dem Erstürmer der Düppeler Schanzen, in bis zu fünfgeschossigen Etagenhäuser Wohnungen mit drei bis vier Zimmern; die langen Häuserblöcke stellte Bauunternehmer Wilhelm Herr erst 1930 fertig. Der Krieg hat in der Gegend vieles unversehrt gelassen; auch den Erben von Wilhelm Herr blieben die beiden Blocks erhalten, und der Kreisverkehr wurde wiederhergestellt. Anknüpfend an einen Aufmarsch des Reichsbanners im Herbst 1930 gegen den „nazifreundlichen" Stadtteil haben Abgeordnete der Bezirksversammlung im Frühjahr 2021 gefordert, die „belasteten" Straßennamen nach Menschen aus dem „demokratisch-friedenspolitischen Umfeld" umzubenennen. Wer sich einen Wohntraum im Generalsviertel erfüllen möchte, muss in der Lage sein, für eine Drei-Zimmer-Wohnung mit Ost-Balkon mindestens eine halbe Million oder für eine 71 Quadratmeter große Wohnung eine monatliche Miete von 2100 Euro zu zahlen.

Der andere Blick auf das Gebäude der Hamburger Sparkasse

Eppendorfer Marktplatz

Eine Einkaufsstraße ohne Autoverkehr: Wo im 19. Jahrhundert vornehme Herrschaften aus Hamburg, Bürgermeister, Senatoren, Kaufleute, sich geräumige Landsitze fern ab vom Getriebe der Politik und des Handels eingerichtet hatten, reiht sich seit Beginn des 20. Jahrhunderts ein Etagenhaus an das andere, meist mit Hinterhöfen und Terrassen. Gefördert wird das Wachstum des Stadtteils durch elektrische Verkehrsmittel, die Straßenbahn und die Ringlinie der Hochbahn: In den ersten drei Jahrzehnten des Jahrhunderts verdreifacht sich die Bevölkerungszahl Eppendorfs auf fast 90.000 Bewohner. Ihre Versorgung übernehmen zahlreiche Geschäfte an der Eppendorfer Landstraße (von rechts oben zur Mitte unten) sowie am Markplatz (links): Neben dem Feinkostgeschäft gibt es einen Juwelier und eine Papierwarenhandlung, dann ein Schumacher- neben einem Schneidermeister, eine Manufakturwarenhandlung sowie Stuhrs Kaffeerösterei. Das Kaufhaus der Gebrüder Dittmer mit Türmchen (Mitte) warb seit 1926 mit dem Spruch: „Die Dame geht nicht mehr zur Stadt, weil es doch Kaufhaus Dittmer hat." Auf die Insel zwischen Markt und Landstraße hat sich die Hamburger Sparkasse von 1827 ein modernes Gebäude (unten) setzen lassen mit einer Filiale, Wohnungen und Geschäften. Gewiss: 300 Meter von der alten Kirche an der Alster erwecken Eppendorfs Häuserfronten den Eindruck einer vornehmen Wohngegend; aber in den Hinterhäusern leben in beengten Verhältnissen Arbeiter und Angestellte, alleinstehende Frauen und Witwen. Mit viel Mühe gelingt es Oberbaudirektor Fritz Schumacher, ein paar Grünflächen zu erhalten. Bombenschäden gab es kaum; trotzdem musste das Kaufhaus 2012 einem Neubau weichen. Autos und Busse ersetzen die Elektrische und verstopfen die Landstraße.

Eine Konditorei an der Alsterkrugchaussee

Eine Kreuzung ohne Verkehr: Gerade fertiggestellt und bezogen ist der in rotem Klinker gehaltene Wohnblock an der Ecke Alsterkrugchaussee und Hermann-Löns-Weg (links). In traditioneller Weise geplant und gebaut hat ihn das Architekturbüro Elingius und Schramm für den Bauunternehmer Hermann Doss: Wegen der niedrigen Bodenpreise in Fuhlsbüttel reichen drei Geschosse, die Dächer schräg, die Fenster mit Sprossen. Im Erdgeschoss finden sich Räumlichkeiten für Läden mit rund überbogenen Schaufenstern, ein Fisch- und ein Milchgeschäft. Eine offene Ecke zur Kreuzung lässt Platz für Außengastronomie: Hier hat sich der Konditor Kuno Vollrath eine Filiale eingerichtet. Die Straßen der Umgebung, der Heschredder (unten links) ebenso wie der Hermann-Löns-Weg (durchgehend von links oben nach rechts unten) wie auch am Immelmannsweg (rechts oben, heute: Preetzer Straße), wo im Garten die Wäsche trocknet, sind dicht bebaut worden mit Einzelhäusern und Wohnblocks. Auch die Verkehrsanbindung ist gut: Zur Hochbahn-Haltestelle Fuhlsbüttel (heute: Flughafen) sind es nur zehn Minuten zu Fuß, zum neuen Eingangsgebäude des Flugbahnhofs noch weniger; die Straßenbahnlinie ist allerdings noch nicht eingerichtet. Abgesehen vom Lieferverkehr ist es eine autofreie Gegend: In aller Ruhe lassen sich drinnen und draußen Kaffee und Kuchen genießen. Alles steht noch, Café und Geschäfte wurden aufgegeben, die Chaussee wird gut befahren, der Straßenrand ist zugeparkt.

Zentralgefängnis in Fuhlsbüttel

Strafvollzug für verurteilte Männer und Frauen hinter fünf Meter hohen Mauern: Die beiden Flügel-Bauten im einfachen Ziegelrohbau sind so eingerichtet, dass von einem runden Mittelbau die Zellentrakte mit ihren eisernen Galerien überwacht werden können; die kürzeren Verwaltungsflügel, wo Aufnahme und Einkleidung erfolgen, zieren kleine Türme über großen Kirchensälen mit abgetrennten Sitzen. 1879 konnten die 200 Einzel- und 120 Gemeinschaftszellen (heute: Hafträume) im ersten Bau am Suhrenkamp (links) bezogen werden. 1891 kam ein *Weibergefängnis* (unten Mitte) hinzu: In den beiden durch einen Quergang verbundenen Gebäuden konnten mehr als 150 Frauen isoliert oder gemeinsam in Zellen untergebracht werden; darüber gab es Säle zum Arbeiten, zum Beten und zum Schlafen. Die Überbelegung machte bereits 1901 einen Erweiterungsbau Am Hasenberge (oben rechts) notwendig: Für die *Schwerverbrecher* des Zuchthauses (vor allem Delikte gegen das Leben und die Sittlichkeit) gab es den Komfort eines WC. 1920 bezieht Christian Koch, gelernter Gerichtsvollzieher und Mitglied der Bürgerschaft für die mitregierende Deutsche Demokratische Partei, die Direktionsvilla links vom Eingangstor (Mitte links). Er ist in der größten Strafanstalt Europas Herr über 300 Beamte und setzt sich für den „sozialen Gedanken" im Strafvollzug zur Verhinderung von Rückfällen ein: Er macht die Gemeinschaftshaft zur Regel, ermöglicht Beurlaubungen bis zu einer Woche und lässt Gefangene anstelle des Tütenklebens beim Ausbau des nahegelegenen Flugplatzes sinnvolle Arbeit verrichten. Der NS-Senat versetzt den 55-Jährigen 1933 in den vorzeitigen Ruhestand und lässt politische Gegner unter entwürdigenden Bedingungen im Gefängnis einsperren; eine Gedenkstätte im für diesen Zweck erhaltenen Torhaus erinnert an die Schrecken des Konzentrationslagers Fuhlsbüttel.

Eine Röntgenfabrik in Fuhlsbüttel

Auf freiem Feld ein langer weißer Block mit verglasten Fassaden: Auf fünf Geschossen werden hier Röntgenröhren und -geräte produziert; quer zur Fabrik, die keinen Lärm und keinen Schmutz macht, steht am Fuhlsbütteler Damm (heute: Röntgenstraße) ein Verwaltungsbau mit Sonnenterrasse, im Klinkerkleid, wie es Hamburgs Bauordnung vorschrieb. Nach nur zehnmonatiger Bauzeit hatte der Hamburger Architekt Karl Schneider sein letztes großes Bauprojekt im Juli 1930 bezugsfertig übergeben. Auftraggeber war die Philips Glühlampenfabrik in Eindhoven; das niederländische Unternehmen hatte ein paar Jahre zuvor die 1865 von Carl Heinrich Florenz Müller gegründete Fabrik übernommen. Der gelernte Glasbläser begann wenige Wochen, nachdem der Physiker Wilhelm Röntgen in Würzburg Ende 1895 seine Entdeckung der Durchleuchtung des menschlichen Körpers durch „eine neue Art von Strahlen" vorgestellt hatte, mit der Unterstützung von Ärzten im Allgemeinen Krankenhaus Eppendorf die Produktion von Vakuumröhren, die hohe Spannungen und große Hitze aushalten können. Seine Vorreiterrolle bringt „Röntgenmüller" Weltruhm ein und macht die Röhre zum Hamburger Exportschlager, für die Niederländer also ein attraktiver Einstieg in die Medizintechnik. Sie suchten für ihre neue Fabrik eine besondere Gestaltung, aber achteten auch auf die Kosten: „Es soll gut und praktisch und nicht nur für das Auge gebaut werden." So musste Schneider die beiden runden Nottreppenhäuser bescheidener gestalten, wurde der gläserne Aufsatz („Laterne") später zu einem weiteren Geschoss ausgebaut. An Stelle der ursprünglichen Planung, im gleichen Stil einen zweiten Riegel zu errichten, wurde der Schneider-Bau in ein schlichtes Fabrikareal eingebettet. Philips Medical Systems fertigt hier wie früher Hightech-Geräte für die Medizin.

Flughafen Fuhlsbüttel

In vollem Betrieb seit 1929: Der große Luftbahnhof mit seinem neuen Empfangs- und Verwaltungsgebäude ist eine Attraktion für Flugbegeisterte. Mit dem Auto, dem Omnibus oder der Straßenbahn gelangte man auf der breit angelegten Zeppelinstraße (quer) zum Eingang. Über ein paar Treppenstufen kam man zu den Abfertigungsschaltern der verschiedenen Luftverkehrsgesellschaften, allen voran der Deutschen Luft-Hansa; es gab direkte und indirekte Verbindungen zu 60 deutschen und 20 ausländischen Flughäfen. Neben der Flughafenverwaltung liegen Räumlichkeiten für den Zoll, die Post, den Wetterdienst, die Funkstation; Flugreisende (täglich im Schnitt nicht mehr als 50) finden einen Friseur, Wasch- und Baderäume, alles über zwei Wendeltreppen zu erreichen. Während die beiden jungen Architekten Friedrich Dyrssen und Peter Averhoff die leicht geschwungene Front zur Straßenseite betont sachlich gehalten und mit einer Klinkerfassade versehen haben, ließen sie den Bogen zum Flugfeld terrassenförmig abfallen: Hier wie auf dem Dach und zu beiden Seiten können mehrere tausend Schaulustige das neue Verkehrsmittel bewundern. Über allem thront eine Signalkuppel unter einer Glashaube, von der aus die Starts und Landungen der Maschinen überwacht werden. In der sechs Meter hohen Halle A (links) werden Flugzeuge abgestellt. Der rasant wachsende Flugverkehr nach dem Krieg führte unter Verzicht der Dachterrasse zur Aufstockung und zu weiteren entstellenden Umbauten. In den 1990er Jahren wurde das älteste noch betriebene Flughafengebäude Europas von neuen Terminals eingerahmt, so dass der Abriss 2001 fast sang- und klanglos erfolgen konnte. An seine Stelle trat ein weiterer Terminal mit Shopping-Plaza: Aus dem Flughafen ist ein Airport geworden.

Alsterpark in Fuhlsbüttel

Der aufgestaute Teich der Mühle des Hamburger Rats: Bis zur Ratsmühlenbrücke mit Schleuse am alten Dorfplatz (unten nicht mehr im Bild) schlängelt sich die Oberalster mit naturbelassenen Ufern, sogar eine scharfe Kurve macht sie (oben Mitte); danach ist sie bis zur Außenalster kanalisiert. In diesem Parkgelände hatte sich Heinrich Casten ein Vergnügungsetablissement mit Blick auf den ehemaligen Mühlenteich sowie mit elektrischer Lichtanlage und Zentralheizung eingerichtet: Schon vor dem Ersten Weltkrieg bot er seine eleganten Gesellschaftsräume zur Abhaltung von Hochzeiten sowie Privat- und Vereinsfestlichkeiten an und versprach Menüs à la carte und Weine aus den ersten Häusern. Während der Saison säumten seine Tische in Doppelreihe die Uferböschung. Für Musikfreunde gab es eine Konzertmuschel, für Sportsfreunde einen Bootsanleger. Eine schmale Brücke führte zu zwei Fischteichen (rechts). Im Hintergrund hat sich das einstige Dorf nach dem Anschluss an das Hochbahnnetz mit eigener Haltestelle zu einem gartenstadtähnlichen Vorort entwickelt: Im Wachholderweg (oben links) waren neben einer kleinen Grünanlage nur Einzelhäuser zugelassen. An der Ecke Bergkoppelweg/Kleekamp (oben Mitte) hatte sich der Möbeltischler Max Schäfer vom Architekten Karl Schneider zwei dreigeschossige Wohnblocks mit flachen Dächern entwerfen lassen, wo er auch Modelle seiner handgefertigten Holzmöbel ausstellen konnte. Die Hummelsbütteler Landstraße und der Abzweig Brombeerweg (Mitte quer) wurden zu mehrspurigen Straßen ausgebaut; der Park steht vor allem Kindern zur Verfügung, die Aufgaben des Vergnügungsetablissements haben andere Restaurants in der Umgebung übernommen.

Eine Kirche als Wagnis in Langenhorn

Ein kantiger Turm neben einem langen Haus allein auf weiter Flur: Wie ein Fremdkörper wirkt der neuartige Kirchenbau neben den Wiesen, Weiden und Bauernhöfen an der Langenhorner Chaussee. Der ländlich geprägte Stadtteil war nach dem Ersten Weltkrieg und mit Fertigstellung der Hochbahnlinie nach Ochsenzoll zum bevorzugten Siedlungsgebiet für Kleinsthäuser geworden. Die SPD erhielt hier bei Wahlen zur Bürgerschaft und zum Reichstag durchweg absolute Mehrheiten, die KPD brachte es auf bis zu 17 Prozent. „Die Kirche ist ein Angriff Gottes auf Langenhorn“, erklärte Pastor Wilhelm Tolzien bei der Einweihung von St. Ansgar am 24. August 1930: „Unsere Kirche ist eine Kirche der Zukunft.“ Tatsächlich hatten in der Nacht zuvor Unbekannte die Kirchentür mit roter Farbe übergossen, auch das Ehrenmal eines Soldaten, der in voller Montur am Grabe seines toten Kameraden mit Helm ab zum Gebet kniet, und auf dem schlanken Turm eine rote Fahne gehisst. Der Innenraum ist klassisch mit Seitenschiffen und halbrunder Apsis gestaltet, ausgerichtet auf ein großes Holzkreuz. Die junge Gemeinde beschritt auch weiterhin gewagte Wege: Die Orgel ließ sie sich von Hans Henny Jahnn entwerfen, einem Außenseiter im Kulturbetrieb der Weimarer Republik. Mit der Gestaltung eines dreiteiligen Altars wurde die Künstlerin Anita Rée beauftragt: Ihre Entwürfe zur Passionsgeschichte im Stile der Neuen Sachlichkeit fanden Zustimmung, die ausgeführten Werke wurden nach Bezahlung des Honorars vom Kirchenvorstand abgelehnt. Erhalten geblieben sind nur schwarz-weiß-Fotografien: Vergrößerungen sind inzwischen an der Orgelempore angebracht.

Kleinwohnungssiedlung in Langenhorn

Im Kampf gegen die Wohnungsnot keine Barackenstadt, sondern eine endgültige Siedlung: Beiderseits der Tangstedter Landstraße, zwischen der neuen Hochbahnbrücke nach Ochsenzoll (links) und einem Sandweg, (rechts) kommen in Lang-, Reihen- und Doppelhäusern an die tausend Familien unter; fast zwei Kilometer erstreckt sich die Kolonie vom Wördemoorweg (unten) Richtung Norden. Den Bau aus Steuermitteln beschlossen hatte nach dem Ersten Weltkrieg und nach der Revolution die nun demokratisch gewählte Bürgerschaft. Für die Planung war Oberbaudirektor Fritz Schumacher zuständig: Er konnte bei jedem Haus zur Verwertung der Abfälle für ausreichend Gartenfläche sorgen, musste sich aber wegen Geld- und Baustoffmangels mit einer Sparbauweise begnügen; nicht einmal den geliebten Klinker konnte man sich leisten. Es war aber wohl auch Pfusch, der zu vielen Beschwerden über Baumängel führte. Mit der Versorgung klappte es ebenfalls nicht so richtig: Die wenigen Geschäfte mussten ihre Waren von weither besorgen und verlangten entsprechende Preise. Erst 1931 öffnet die neue Schule ihre Pforten (Mitte); anstelle eines zugesagten Gemeinschaftshauses können die Siedler immerhin die Aula für Veranstaltungen nutzen, etwa für Aufführungen ihrer Laienspielgruppe. Der Gemeinschaftssinn der Börner, wie sie sich selbst und ihre Monatsschrift nennen, zeigt sich in der Langenhorner Nothilfe: Im Winter 1931/32 werden an erwerbslose Hauptmieter Lebensmittel und Kohlen ausgegeben, in Kellerräumen der Schule wird eine Kleiderkammer eingerichtet. Dieser Gemeinschaftssinn bewährt sich auch im Kampf um den Erhalt des „städtebaulichen Kunstwerks" in den 1970er Jahren. Nach umfangreichen Renovierungen strahlt die hundert Jahre alte Siedlung Glanz und Zufriedenheit aus. Sie selbst, die Schule und der zur Allee angewachsene Weg (rechts) tragen den Namen Fritz Schumachers.

Bellevue am Langen Zug

Mit Ausblick auf die Alster: Dem Goldschmiedemeister Adolph Sierich gelang es im letzten Drittel des 19. Jahrhunderts, gut betuchte Hamburger dafür zu gewinnen, seinen großen Grundbesitz in Winterhude für Wohlhabende zu vermarkten. Die Vornehmheit der Schönen Aussicht, die am Uhlenhorster Fährhaus (oben Mitte) endet, wurde gesteigert an der Bellevue, die vom Langen Zug (Mitte) an der Außenalster entlang (rechts) bis zur Fernsicht und dem Rondeel-Teich führt. Hier wurden Stadthäuser und Einzelvillen mit Söllern und Türmchen aneinandergereiht; Gärten mit üppigem Baumbestand unterstreichen die Gediegenheit des Lebensstils. In kaum einem Haus lebt mehr als eine Familie von Kaufleuten, Direktoren, Spitzenbeamten, Juristen, Ärzten. An der Rundung residiert seit 1896 die Reeder- und Kaufmannsfamilie Krogmann in einem „Haus an der Sonne", wo Größen aus Politik, Wirtschaft und Kultur zum Stelldichein kommen: Mit Blick auf den drei Kilometer entfernten Rathausturm wächst hier Carl Vincent auf, der das Handelshaus Wachsmuth & Krogmann nach dem Tode seines Vaters 1932 übernimmt. Er ist ein Bewunderer des gleichaltrigen Adolf Hitlers, unterstützt seine Kanzlerschaft und erhält im März 1933 als Dank das Amt des Bürgermeisters von Hamburg, das er bis zum Kriegsende ausübt. Der Lange Zug ist das von Sportbooten genutzte Mündungsdelta der 1865 zum Kanal ausgebauten Osterbek: Auf diesem Wasserweg ließen sich die Fabriken in Barmbek aus dem Hafen mit Rohstoffen versorgen; natürlich gab es auch eine Alsterdampferlinie, die zum Mühlenkamp führte. Der Bombenkrieg riss viele Lücken, auch Krogmanns Haus wurde 1943 getroffen und brannte aus. Moderne Neubauten lassen die Vergangenheit vergessen, luxuriöse Etagenhäuser bilden lukrative Einnahmequellen.

Eine Brauerei auf der Uhlenhorst

Fabriken mitten im Wohngebiet: Von der Alster führt der einen Kilometer lange Uhlenhorster Kanal (unten) zur Bavaria-Brauerei. Sie hat einen günstigen Platz am Winterhuder Weg zwischen Beethoven- (links) und Heinrich-Hertz-Straße (rechts nicht mehr im Bild). Es war der Sitz der urhamburgischen Löwenbrauerei: Ihre Schutzmarke zeigte zwei Löwen, die nicht das Stadtwappen, sondern ein Bierfass halten. Sie wurde 1919 zu Beginn einer allgemeinen Fusionswelle von der Bavaria übernommen. Rechts daneben eine ehemalige Zwiebackfabrik. Am Ende des Kanals liegt ein breiter Lagerplatz: Alsterkähne bringen Koks für Kessel und Maschinen fast bis vor die Tür. Im Hintergrund sieht man das Beispiel für eine geniale Erfindung Hamburger Bauherren: Quer zur fünfgeschossigen Häuserfront stehen dreigeschossige Hinterhofzeilen, wo man dichtgedrängt wohnen kann und sich trotzdem so wohl wie auf einer „Terrasse" fühlen soll, wie diese Sackgassen beschönigend genannt werden; die drei Kleinwohnungsanlagen an der Humboldtstraße gehören dem 1899 gegründeten Konsum-, Bau- und Sparverein Produktion. Der Bombenkrieg hat hier einen fürchterlichen Kahlschlag angerichtet, der es den Verkehrsplanern erleichtert hat, aus dem Winterhuder Weg eine fünfspurige Hauptverkehrsader zu machen.

Hamburger Straße

Die Einkaufsmeile der Barmbeker: Mit dem Ausbau zu dem am dichtesten besiedelten Stadtteil Hamburgs (10.000 Einwohner auf einen Quadratkilometer) bis in die 1920er Jahre etablierten sich auf beiden Seiten der Straße zwischen Dehnhaide und Mundsburg (unten) mehr als 300 Ladengeschäfte, 1910 auch das Palast-Theater, seinerzeit das größte Kino Deutschlands, nun jedoch mit dem Aufkommen des Tonfilms dem Verfall überlassen. Alles ist von Norden aus gut zu erreichen, mit der Straßenbahn wie mit der Hochbahn (rechts nicht mehr im Bild); Parkplätze werden kaum benötigt. In der Parallelstraße, der Oberaltenallee (rechts), geht es gemächlicher zu (rechts) geht es gemächlicher zu, abgesehen von der Polizeiwache vorne rechts, verdeckt von dem gerade fertiggestellten fünfstöckigen „Hochhaus" mit modernem Flachdach. Einst kutschierten auf diesem Weg die Kirchenältesten der Stadt zum Landgut des Hospitals zum Heiligen Geist. Vor Kopf des dichtbebauten Mittelteils steht zur Erholung vom Einkaufsbummel das Kaffeehaus Buschmann, das zur Erinnerung an den Vorbesitzer des Geländes, Johann Mund, die Bezeichnung „Mundsburg" im Giebel trägt. Hier hat der britische Bombenkrieg 1943 kaum noch Häuser stehen lassen: Der Mittelteil zwischen den beiden Straßen wurde in den späten 1960er Jahren abgeräumt; es blieb ein schmaler Grünstreifen, damit auf beiden Seiten der Verkehr auf jeweils fünf Fahrspuren fließen oder stehen kann. Die große Kreuzung wird von riesigen Wohn- und Bürohochhäusern beherrscht. Unscheinbar dagegen wirkt am ehemaligen Ort des Kaffeehauses das Mahnmal für die Opfer des Bombenkriegs. Zum Flanieren steht den Barmbekern auf der linken Seite der Hamburger Straße seit 1970 eine zweistöckige Einkaufspassage unter einem verglasten Tonnengewölbe zur Verfügung.

Der Stadtpark in Winterhude

Ein Tummelplatz für Klein und Groß, Jung und Alt, Arm und Reich: Eine west-östliche Achse verbindet über ein leicht abschüssiges Gelände einen Wasserturm (oben, seit 1930 Planetarium) mit der Stadthalle (unten). Die Mitte wird beherrscht von einem breiten Gehölz, einer riesigen Spielwiese und einem ovalen See. Links und rechts ein Dutzend Spiel- und Sportplätze, ein rundes Planschbecken (rechts), ein Freilufttheater, ein Luft- und Sonnenbad. Lehrreich sind die besonderen Gärten und Wiesen mit Rosen, Tulpen, Dahlien, Rhododendren, Lupinen, Alpenpflanzen. Auch für Erfrischung und Verpflegung ist gesorgt, zum Beispiel im Parkcafé (unten rechts), in der Milchschänke (oben rechts) und im Landhaus Walter (oben links). Straßen führen rundherum, der Südring (links mit Goldbekkanal) und der Nordring (heute: Jahnring), mittendurch die Hindenburgstraße (heute: Otto-Wels-Straße). Geplant und angelegt wurde der Stadtpark ab 1912 vom Oberbaudirektor Fritz Schumacher, weiter ausgestaltet nach dem Ersten Weltkrieg von Gartenbaurat Otto Linne. Neben Spiel und Spaß herrschte auf der großen Wiese Volkfsfeststimmung, wenn SPD und Gewerkschaften am 1. Mai 1932 zum roten Kampftag aufmarschieren ließen; ein Jahr später organisierten die Nationalsozialisten den Feiertag, um einen Tag später die Gewerkschaften zu zerschlagen. Der Bombenkrieg hat viel zerstört. In der Nachkriegszeit bekam der Stadtpark das Elend der Ausgebomten zu spüren, die in Baracken auf der großen Wiese untergebracht waren, zum Heizen Bäume fällten, zur Selbstversorgung Gemüse anbauten und den See für Badefreuden nutzten. Inzwischen hat das Parkpflegewerk die ursprüngliche Gestalt weitgehend wiederhergestellt.

Die Ländliche Wirtschaft in rustikalem Stil am südlichen Rand des Parks sollte zum Rückzug vom hektischen Treiben und zum Besuch des dahinterliegenden Steingartens einladen. Das Landhaus Walter hat sich nach aufwändiger Renovierung zum größten Biergarten Hamburgs und zur beliebten Eventlocation entwickelt.

Die Milchwirtschaft im Stil eines niederdeutschen Bauernhauses am nördlichen Rand des Parks sollte der Gesundheitserziehung dienen: Auf der angrenzenden Wiese grasten Kühe, wie um Frische und Qualität der Milch zu annoncieren, zum Sportplatz hin (rechts) bewarb ein Garten frisches Obst. Im Hintergrund eine Kleingartensiedlung und ein Übungsplatz für Polizeihunde (links oben). Die Milchhalle wurde ein Opfer des Bombenkriegs.

Das Bartholomäusbad in Barmbek

Zum Schwimmen, Baden und Brausen: Die Badeanstalt an der Bartholomäusstraße (Mitte) wurde 1909 eröffnet. Die verputzte Anlage, verziert mit glasierten Platten, auf einem Sockel aus Ziegelsteinen besteht aus zwei Flügeln mit zwei Schwimmhallen, getrennt für Männer und Frauen. Der Mittelbau enthält 76 Wannen- und 40 Brausebäder sowie eine Öffentliche Bücherhalle und ein Standesamt. Im Jahrzehnt zwischen 1905 und 1914 sind vier weitere solcher Warmbadeanstalten entstanden, alle in ähnlicher Anordnung und Ausstattung: Mit Koks befeuerte Dampfkessel beheizen Wasser und Luft, die ebenfalls im Keller untergebrachte Wäscherei verfügt über Dampfwaschmaschinen, Kreiseltrockner, Dampfmangel und Trockengerüste. Auf zwei Etagen gibt es für die beiden Schwimmhallen jeweils rund 100 Umkleidekabinen und Ablegeplätze. Besonders stolz ist man auf die fortlaufende Reinigung des Schwimmbadewassers: Keine bloße Umwälzung von unten nach oben, sondern ständige Rückführung des sauerstoffangereicherten und durch einen Kieselfilter gereinigten Wassers, das von frischem Wasser kaum zu unterscheiden sei. Für ein Bad musste man vor dem Ersten Weltkrieg einschließlich Badekleidung 15 Pfennig bezahlen; die Stadt schoss etwa die gleiche Summe zu. Die Zahl der Besucher aller Bäder schnellte in die Höhe und erreichte 1913 die Dreimillionengrenze. Während ringsherum fast alles den Bomben zum Opfer fiel, blieb das Bad in Barmbek erhalten, ebenso wie die Bäder in Eimsbüttel (Hohe Weide) und Eppendorf (Kellinghusenstraße).

Das Werksgelände der Carl Spaeter GmbH: Links der Barmbeker Stichkanal, oben der Osterbekkanal. Die Saarlandstraße führt vom rechten Bildrand nach links oben.

Eisenhandel in Barmbek

Ein riesiges Betriebsgelände mit langen Werkshallen und viel Lagerplatz: Der Eisengroßhändler Carl Spaeter aus Koblenz hat hier 1916 eine Zweigniederlassung seines Unternehmens begründet. Sie liegt verkehrsgünstig zwischen der Flur(heute: Saarland)straße (links) und dem Barmbeker Stichkanal (rechts), der vom Osterbekkanal (unten, nicht mehr im Bild) abzweigt und bis zum Stadtpark führt (oben); von der U-Bahnhaltestelle Stadtpark (oben rechts, heute: Saarlandstraße) haben es auch die Beschäftigten nicht weit. Vor allem wurde hier Stahl für die Baubranche gewalzt, zu Blechen, Bändern, Rohren, Stäben, Trägern, Schienen und Draht; Schuten sorgten für den An- und Abtransport. Als der Standort 1955 nach Billbrook verlagert wurde, wichen Lärm und Ruß, es blieb jedoch auf Jahrzehnte eine Industriebrache zurück. Als in den 1990er Jahren in Städten wie Amsterdam, Wien, Bremen, München Projekte für ein Wohnen ohne eigenes Auto entstanden, bildeten sich auch in Hamburg entsprechende Initiativen: Sie sahen wegen der guten Anbindung an den öffentlichen Nahverkehr und der Nähe des Stadtparks, eines großen Krankenhauses sowie vieler Schulen, Kindertagesstätten, Spielplätze und Einkaufsmöglichkeiten an den beiden Kanälen das ideale Gelände für die Verwirklichung ihrer Idee vom „autofreien Wohnen". Die künftigen Bewohner verpflichteten sich, auf ein eigenes Auto zu verzichten und es nur in „Wechselfällen des Lebens" befristet zu nutzen. Tatsächlich sind für hundert Wohnungen nur 15 Stellplätze vorgesehen, dagegen je Wohnung 3,3 Stellplätze für Fahrräder, in Schuppen

und in Kellern. Der zuständige Stadtentwicklungssenator drückte 2001 nach dem Bezug des ersten Wohnhofs die Hoffnung aus, dass „dieses Vorbild viele andere von dieser Lebensweise“ überzeugen werde.

Der Friedrich-Naumann-Block im Bau

Neues Bauen in Dulsberg

Eine Riesenbaustelle zwischen der Straßburger Straße (unten rechts), der Königshütter Straße (oben) und dem Alten Teichweg (links): Seit 1919 werden in Nordbarmbek am Stadtrand zu Wandsbek Klein- und Kleinstwohnungen in langen Wohnblocks mit viel Grün dazwischen gebaut. Es sind vor allem gemeinnützige Wohnungsbaugesellschaften, die sich hier engagieren. Kurz vor der Fertigstellung steht ein großer Komplex an der Nordschleswiger Straße (Mitte): ein rechteckiger Block mit 34 Hauseingängen und einer Öffnung im Westen zum geplanten Sportplatz; er umschließt einen kleineren Block mit 24 Eingängen, mit einem Innenhof und zwei verbindenden Querbauten. Der doppelte Ring soll den Grund und Boden optimal ausnutzen. Gedacht sind die Wohnungen für Einzelhändler, Handwerker, kleine Beamte, Angestellte und Arbeiter. Bauträger ist die gemeinnützige Kleinwohnungs-Baugesellschaft „Freie Stadt", die von der liberalen Deutschen Demokratischen Partei gestützt wird. Ihr Mitglied, der Architekt Rudolf Klophaus, hat den Bau geplant und durchgeführt. Die Gesamtanlage wird nach Friedrich Naumann, dem 1919 gestorbenen Begründer der Partei, benannt. Der Bombenkrieg machte in Dulsberg aus der wohldurchdachten Wohn- eine ausgebrannte Ruinenstadt, die jedoch nach den alten Plänen weitgehend wieder aufgebaut wurde. Um noch mehr Wohnraum zu erhalten, wurde dem Naumann-Hof sogar ein weiteres Geschoss auf das Flachdach gesetzt. Für den zunehmenden Autoverkehr wurde die beschauliche Nordschleswiger Straße zur mehrspurigen Ringstraße ausgebaut.

Müllverbrennung in Dulsberg

Sammelplatz für täglich etwa 250 Tonnen Hausmüll von einer halben Million Hamburgern in den östlichen Stadtteilen: Als die Anlage zwischen dem Alten Teichweg und dem Osterbekkanal (oben) 1912 ihren Betrieb aufnahm, gab es rundherum noch keine Bebauung, aber schon Bedenken wegen der Belästigung durch Asche und Gerüche. Der neue Typ des Schachtofens und zwei hohe Schornsteine sollten Abhilfe schaffen: Den in der Unrathalle abgeladenen Müll schaufeln Arbeiter in Schiebkarren, um ihn dann im Obergeschoss durch Trichter in die zwölf Öfen zu schütten, in die von unten vorgewärmte Luft geblasen wird. Die zurückgebliebene Schlacke wird aus den Öfen gebrochen, auf dem Hof zerkleinert und zur teilweisen Deckung der Betriebskosten als Baumaterial verkauft. Seit dem Ersten Weltkrieg geht die Heizkraft des Mülls zurück, weil alles Brennbare vorab zum Eigenbedarf aussortiert wird, so dass die Anlage die nötige Eigenenergie nicht mehr gewinnen konnte – die Stadt führt 1924 eine Gebühr für die Beseitigung des Hausmülls ein. Beschwerden über Belästigung durch Rauch und Gestank häufen sich mit dem Ausbau von Wohnsiedlungen zu Beginn der 1920er Jahre; in der Bürgerschaft wird sogar ein Antrag zur Verlegung der Anlage gestellt. Der zuständige Baurat räumt eine große Staubentwicklung ein und verweist darauf, dass in anderen Gegenden solche Backofengerüche als Schutz gegen Infektionskrankheiten angesehen würden. Immerhin wird 1929 die Anlieferung des Mülls in offenen Pferdefuhrwerken auf geschlossene Wagen umgestellt, werden die Schornsteine etwas erhöht, so dass Flugasche und Gerüche erst in größerer Entfernung niedergehen. Der Betrieb wurde im Frühjahr 1939 eingestellt, 1943 zerbombt, 1963 entfernt.

Eine neue Schule am Langenfort

Ein Doppelschulhaus im neuen Wohngebiet für tausende Familien in Barmbek-Nord: Oberbaudirektor Fritz Schumacher hatte dafür gesorgt, dass mitten im steinernen Meer ein großer Platz freigehalten wird für Luft und Licht und Spiel und Sport. Umrahmt wird das Gelände von Wohnblocks an der Steilshooper Straße (rechts), am Wittenkamp (quer, noch frei) und der Otto-Spekter-Straße (links). An der nördlichen Begrenzung Langenfort (oben Mitte) ist gleichzeitig eine Volksschule, nach Schumacher-Art in roten Klinker gekleidet, entstanden: Sie hat rechts und links zwei Eingänge für Knaben und Mädchen, aber für beide nur einen Hinterausgang zum großen Sportplatz. Links und rechts von der Schule sind die Bauten der Aktiengesellschaft für gemeinnützigen Kleinwohnungsbau bereits fertig; ansonsten wird ringsherum noch kräftig gebaut. 1929 können die notdürftig in sechs Baracken untergebrachten Schüler und Schülerinnen in das neue Gebäude umziehen und Platz machen für eine weitere Schule. Anders als die Umgebung hat die Schule den Bombenkrieg überstanden. Sie wird 2009 unter Denkmalschutz gestellt und benennt sich zwei Jahre später nach Helmuth Hübener: Der junge Hamburger hatte 1941/42 Flugblätter gegen Diktatur und Krieg verbreitet und war als 17-Jähriger wegen „Hochverrats" zum Tode verurteilt und hingerichtet worden.

Kapelle 12 auf dem Ohlsdorfer Friedhof

Inmitten von Gräberfeldern ein kleiner Kirchenbau zum Abschiednehmen: Nicht zuletzt die Verluste im und nach dem Ersten Weltkrieg an der Front und in der Heimat verlangten eine Vergrößerung der ursprünglichen Anlage des Friedhofs. Geplant und umgesetzt wurde sie ab 1920 vom Gartenbaurat Otto Linne, dem Hamburg die Stadt der Straßenbäume war. Anders als sein Vorgänger Wilhelm Cordes sorgte er zunächst für die Errichtung von Kapellen, um die er dann übersichtlich die Bestattungsreviere der Toten Kopf an Kopf gruppierte. Erstes Musterbeispiel sind im östlichen Teil die Grabquartiere um die Kapelle 12, gebaut ganz im Stil einer Bauernkirche der Vier- und Marschlande mit ausgemauertem Fachwerk. Unter Einbeziehung eines baumbestandenen Weges, der quer (von rechts unten nach links oben) von Bramfeld nach Klein Borstel über das Gelände führt, ist der rechteckige Platz von allen Seiten gut erreichbar. Zur Mittelallee (oben), zu den Straßen und Wegen hin sind die parzellierten Gartenfriedhöfe durch Bäume und Sträucher abgegrenzt, jedes Einzelgrab soll möglichst ruhig und friedlich liegen. Eine gewisse Einheitlichkeit ist nicht zu verkennen: Das liegt an den 1920 erlassenen neuen Richtlinien für die Ausschmückung der Gräber. Als Material für Grabmale zugelassen sind nur natürliche Steine, für Kreuze dauerhaftes Holz, Schmiedeeisen und Bronzeguss; verlangt wird eine dekorative Schrift in guter Ausführung; die Größe des Grabmals soll sich nach der Größe des Grabes richten. Vorherrschend sind schlichte Stelen, niedrig oder hoch, gerade, halbrund oder mit Giebel abgeschlossen. Proteste von Grabmalfirmen und Privatleuten führten dazu, dass manche Bestimmungen gelockert wurden. Linne, der 1937 im Alter von 67 Jahren starb, fand 300 Meter entfernt von Kapelle 12 seine letzte Ruhestätte (links, nicht mehr im Bild).

Totengedenken in Ohlsdorf

Ein Grabmalgeschäft, eine Blumenhandlung und ein Restaurant in bester Lage zwischen Bahnhof und Haupteingang zum Friedhof: Bereits 1899 hatte Adolph Krohn von einem Konditor ein Häuschen an der Fuhlsbütteler Straße (unten) erworben. Zunächst betrieb er nur ein Café. Dann kam der Anschluss ans Bahnnetz: 1907 wurde direkt dahinter die Strecke der Vorortbahn elektrifiziert, um einen Fünf-Minuten-Betrieb zu ermöglichen, und ein neuer Bahnhof im Landhausstil eröffnet; 1914 hatte auch die Hochbahn Ohlsdorf erreicht: Die beiden nebeneinander auf gleicher Höhe liegenden Haltestellen wurden durch einen Zugangstunnel verbunden: Dichtes Gedränge herrschte auf dem Vorplatz. Nun erweiterte Krohn sein Café zu einem Restaurant, wo die Hinterbliebenen bei einem Leichenschmaus der Verstorbenen gedenken konnten. Gleich daneben sorgte Hans Jacobsen zur Beerdigung oder Einäscherung für den angemessenen Pflanzenschmuck mit Grabkränzen, Grabgestecken und Trauerblumen. Schon seit 1863 gibt es den Bild- und Steinhauerbetrieb Witte: Neben den Geschäften in Fuhlsbüttel und Alsterdorf zeigt er auch in Ohlsdorf Rohlinge für Grabsteine. Auf der Westseite der Fuhlsbütteler Straße finden sich zahlreiche weitere Anbieter für Grabdenkmäler, für Pflanzenbedarf und für zwanglose Zusammenkünfte zum Austausch von Geschichten über die Toten. Das Haus überstand den Krieg, entwickelte sich zum Restaurant Café Krohn, bot zwei Säle für Trauerfeiern an, verfiel und wurde 2008 abgerissen. An seine Stelle trat ein Hotelrestaurant.

Irrenanstalt Friedrichsberg

Ein Staatskrankenhaus zur Behandlung Geistesschwacher und Geisteserkrankter: In einer üppigen Parklandschaft am östlichen Stadtrand, wo die Wandse als Eilbek weiterfließt, war bereits 1864 eine Anstalt zur weitgehend zwanglosen Behandlung psychisch Kranker eröffnet worden. Als sie aus allen Nähten platzte, erfolgte ab 1912 eine Erweiterung unter dem neuen Oberbaudirektor Fritz Schumacher: Das neue Verwaltungsgebäude auf den Rieselfeldern an der Flussniederung (Mitte) schirmte die neuen Behandlungshäuser und -pavillons vor Neugierigen ab. Der ärztliche Direktor Wilhelm Weygandt sorgte für therapeutisch sinnvolle Abwechslung: Es gab nicht nur ein Wildgehege, eine Teichanlage mit Brücke und ein Planschbecken; es wurden ein Berg für „alpine" Abenteuer aufgeschüttet, eine Tennisanlage und eine Kegelbahn eingerichtet; nach der Arbeit in Werkstätten, Gewächshäusern und Viehställen sorgte ein Konzerthaus für Zerstreuung. Auch mit der Einbindung in die psychiatrische Forschung und Lehre kämpfte man in den 1920er Jahren gegen das verbreitete Vorurteil „Lieber in Fuhlsbüttel (Zuchthaus) oder in Ohlsdorf (Friedhof) als in Friedrichsberg". Für die fast 2000 Patienten gab es jedoch viel zu wenige Ärzte und Pflegekräfte. Die im Krieg zerstörten Gebäude wurden sehr bald wiederaufgebaut und zum „Allgemeinen Krankenhaus Eilbek" erklärt. Die weitgehende Beseitigung erfolgte nach der Privatisierung 2005: Dreiviertel des Geländes wurden durch mehrstöckige Wohnhäuser überbaut. Erhalten geblieben sind nur die Gebäude um den Hauptplatz (oben Mitte), wo nun im früheren Haus für unruhige Frauen eine Kinderstation mit Kindertagesstätte untergebracht ist; auch das alte Kesselhaus mit neuem Schornstein (oben links) steht noch.

Arbeiten und Wohnen in Hamm

Östlich vom Ausschläger Weg (unten) ein künstlich erhöhtes Gelände zwischen Süd- (rechts) und Mittelkanal (links, nicht mehr im Bild): Die Stadt überließ es zu günstigen Bedingungen vor allem gemeinnützigen Baugesellschaften, darunter dem Konsum-, Bau- und Sparverein „Produktion". Entlang der Sorben- (Mitte) und der Wendenstraße (oben links) schuf sich die Genossenschaft im ersten Jahrzehnt nach ihrer Gründung 1899 mit Fabriken und Wohnblocks einen wichtigen Standort. Ihr Ziel war es, die organisierten Arbeiter in Hamburg, Altona, Ottensen und Wandsbek mit Waren aller Art sowie gesunden, preiswürdigen Wohnungen zu versorgen. Wie in Barmbek und Eimsbüttel wurden in Hamm Etagenhäuser mit Kleinwohnungen errichtet mit ein bis drei Zimmern einschließlich Küche, Klosett und Speisekammer für 30 bis 40 Reichsmark im Monat. Um die Speicherhäuser am Kanal (rechts) ranken sich sieben fünfgeschossige Wohnhäuser mit insgesamt etwa 80 Wohnungen. Dicht verteilt sind auf Erdgeschossebene Verkaufsstellen der in Eigenproduktion hergestellten Massenartikel: Geschäfte für den täglichen Bedarf, für Fleisch, Tabakwaren, Milch und Brot; bis zum Ersten Weltkrieg entwickelt sich der Konsumverein zur größten Einzelhandelskette in Norddeutschland. Auch zahlreiche Schulen wurden im Viertel gebaut, die größte 1911/12 am Teutonenweg (oben angeschnitten). Einige alte Beschäftigungen haben sich am Löschplatz mit den Schuten noch gehalten (Mitte): ein Schmied, ein Kohlenhändler, ein Baugeschäft, ein Ewerführer. Der Bombenkrieg hat alles vernichtet, nur nicht die Schule.

Eine Rennbahn in Horn

Einmal im Jahr großer Auftrieb von Pferden und Menschen zum Deutschen Derby: Seit 1869 findet hier jeweils an einem Sonntag Anfang Juli das Galopprennen dreijähriger Vollblutpferde vor Zehntausenden Zuschauern statt. Wo einst an der Grenze zu Wandsbek (oben) die Horner Bauern ihre Milchkühe weideten und bei Schützenfesten ihre Zelte aufschlugen, in denen gezecht und getanzt wurde, hatte der Hamburger Renn-Club nach englischem Vorbild bereits 1855 eine Pferderennbahn eingerichtet. Die ursprünglichen Holztribünen an Start und Ziel sowie die Wettbüros im Innenraum wurden 1912 neugebaut und durch einen Tunnel verbunden. Das eigentliche Rennen im Uhrzeigersinn ist ein kurzes Vergnügen: Die Hengste und Stuten galoppieren die 2400 Meter mit fast 60 Stundenkilometern in zweieinhalb Minuten: 1930 lief Alba vom Gestüt Schlenderhan des Bankiers Oppenheim als erster durchs Ziel, 1931 Dionys vom preußischen Staatsgestüt Graditz. Das Preisgeld für den Sieger ist in 152 Renn-Jahren von 1950 Talern auf 390.000 Euro gestiegen. Wie in England war das Derby immer auch ein beliebter Treffpunkt der Oberen Zehntausend. Im Kontrast dazu stehen die gerade fertiggestellten Wohnblocks gemeinnütziger Wohnungsbaugesellschaften am Hermannstal und an der späteren Washingtonallee (rechts): Horn ist in den 1930er Jahren ein wichtiges Stadterweiterungsgebiet, am Horner Weg und an der späteren Sievekingsallee (links). Auch die Rennbahnstraße ist inzwischen dicht bebaut: Die erhaltene Haupttribüne (Mitte links) wird nun von einem Hotel und einer Jugendherberge flankiert. In den 51 Derby-freien Wochen wird das grüne Gelände als Freizeitpark genutzt: zur Erholung, als Flohmarkt, für Musikfestivals.

Desinfektion und Aromastoffe aus Billbrook

Ein neues Industriegebiet östlich vom Tiefstack-Kanal, der seit 1903 die Bille mit der Elbe verbindet: Die breite Marschlandschaft, die einst der Hamburger Großkaufmann Caspar Voght von seinem Landhaus genoss, wurde zur Ansiedelung von Fabriken mit Elbschlick und Dünensand auf flutsichere Höhe gebracht sowie mit geraden Straßen und einer Industriebahn mit Nebengleisen (links und unten rechts) erschlossen. Im Osten der Stadt, nur fünf Kilometer vom Zentrum entfernt, war es der Ort für Betriebe, deren unliebsame Ausdünstungen beim vorherrschenden Westwind den dichtbesiedelten Gebieten nichts anhaben konnten: Neben dem Gas- und dem Elektrizitätswerk sowie einer Müllverbrennungsanlage war es vor allem die Chemieindustrie, die die günstige Verkehrslage nutzte. Gleich hinter dem Wöhlersweg (heute: Ring 2) lag am Billbrookdeich (oben rechts halb verdeckt von der Tragfläche) eine Fabrik, die das Desinfektionsmittel für Mensch und Tier Chinosol und den Ersatzstoff für Naturvanille Vanillin herstellte. Ganz Billbrook war nach dem Bombenkrieg eine Trümmerwüste. Inzwischen haben sich im größten geschlossenen Industriegebiet Hamburgs wieder rund tausend Betriebe mit 22000 Beschäftigten angesiedelt. Etwa 2000 Menschen leben in diesem Stadtteil mit dem höchsten Anteil von Ausländern und Sozialhilfeempfängern und der geringsten Wohnfläche je Einwohner in Hamburg.

Eine Siedlung zur Selbstversorgung in Berne

Gut zweihundert Wohnhäuser mit großen Grundstücken zwischen Berner Wald (links unten) und dem Gut Berne (rechts unten): Die ersten Häuser wurden noch von den künftigen Siedlern in Sonntagsarbeit als Putzbauten selbst errichtet (Mitte rechts), mit Abbruchsteinen vom Gutshof und Holz aus dem Wald. In den späteren Bauabschnitten kamen Bauhandwerker zum Einsatz: Es waren nun meist zweistöckige Doppelhäuser mit Giebeln, steilen Dächern und im roten Klinkerkleid. Die Planung geht zurück auf die unmittelbar nach dem ersten Weltkrieg gegründete Genossenschaft „Gartenstadt Hamburg“, die den „minderbemittelten Bevölkerungsschichten“ gesunde und zweckmäßig eingerichtete Wohnungen mit Gartenland beschaffen wollte. Es war eine Flucht weit weg von den Kellerwohnungen und den Hinterhöfen der Großstadt in die freie Natur, allerdings mit Anschluss an die Walddörferbahn. Ein Viehstall des Gutshofes am Saselheider Weg wurde zum Versammlungsort der Siedlungsgemeinschaft umgebaut und im Frühjahr 1929 als Volkshaus (unten rechts) eröffnet. Zur Fertigstellung der Gartenstadt im Herbst 1929 überbrachte Hamburgs Zweiter Bürgermeister, der Sozialdemokrat Rudolf Roß, seinen Anhängern Glückwünsche: Bei Bürgerschafts- und Reichstagswahlen schaffte die SPD in Berne Zweidrittelmehrheiten. Die Siedlungsgenossenschaft konnte sich nach innen und außen behaupten: Privatisierungswünsche einzelner Bewohner wurden ebenso abgewehrt wie der Abriss einzelner Häuser für den Bau einer Ringstraße. Nach dem Zweiten Weltkrieg sind rundherum hunderte von Wohnungen in Blocks und Hochhäusern dazugekommen. Die alte Siedlung steht größtenteils unter Denkmalschutz.

Eine neue Schule in Ohlstedt

Mit Blick auf Wald und Gleisanlagen: Nach den Vorgaben von Hamburgs Oberbaudirektor Fritz Schumacher wird eine neue dreigeschossige Gemeindeschule am Kupferredder (rechts) errichtet. Zur Sonnenseite liegen die Klassenräume mit hohen Fenstern, zum Wohldorfer Wald die Fach- und Sammlungsräume sowie das Lehrerzimmer. Zum Programm gehörten auch ein Musikraum und eine Turnhalle mit Bühne im Seitentrakt, Küche und Werkstatt im Keller sowie eine Klinkerverkleidung und aus Kostengründen ein flaches Dach. Über dem Eingang im Treppenhausturm soll eine große Uhr die Schüler und Schülerinnen zur Pünktlichkeit anhalten. Sie zogen im August 1931 zusammen mit dem Hausmeister Grützmacher, dem Schulleiter Preusse und sieben Lehrern in das neue Gebäude ein, froh, den engen Verhältnissen im nur wenige Schritte entfernten alten Schulhaus entflohen zu sein; das Aufregendste war wohl ein Trinkbrunnen, dessen aufsteigender Wasserstrahl sich in alle Richtungen spritzen ließ. Verkehrsgünstig liegt die Schule auch: Vom Schulhof aus sieht man auf das Abstellgleis (unten links), wo die Züge der Hochbahn auf ihre Abfahrt im Bahnhof Ohlstedt warten. Hinter dem Gebäude verläuft das Gleis der Kleinbahn, die einen in wenigen Minuten bis zum Schleusenredder in Wohldorf bringt. Nach dem Krieg wurde aus der Gemeindeschule die Schule am Walde: Als die Kinderzahlen stiegen, wurde sie erweitert, erhielt zweistöckige Pavillon-Bauten sowie eine weitere Turnhalle; beim folgenden Geburtenrückgang gab es Platz für den Ausbau zur Realschule, seit 2011 ist sie wieder vierstufige Grundschule. Sie zählt sich zu den „Alleskönner-Schulen“: Es gibt Integrationsklassen wie auch die Förderung besonders begabter und leistungsstarker Schüler und Schülerinnen. Die Kleinbahntrasse wurde zum Wanderweg, der zu einem im ehemaligen Güterabfertigungsgebäude untergebrachten Nahverkehrsmuseum führt.

Am Stadtrand in Volksdorf

Ein neues Lebensgefühl für Großstädter: Mit dem Anschluss 1920 an die elektrische Walddorferbahn (unten die Weiterführung über die Haltestelle Buchenkamp nach Ahrensburg und Großhansdorf) steigerte sich der Hang zum Wohnen und Leben in Hamburgs grünem Landgebiet. Es entstanden einheitlich gestaltete Siedlungen, wo zuvor der Hamburger Großkaufmann Heinrich Ohlendorff, vom deutschen Kaiser geadelt und zum Baron geschlagen, sein Jagdgebiet mit Sommersitz und seine Frau Elisabeth Äpfel, Birnen, Zwetschgen und Quitten geerntet hatte. In den späten 1920er Jahren errichtete die Gemeinnützige Siedlungsgenossenschaft Volksdorf an der Straße Im Sorenfelde und den drei abzweigenden Straßen Rainweg (heute: Heinrich-Goebel-Straße), Sandweg (heute: Philipp-Reis-Weg) und Auf den Wöörden (Mitte) Doppelhäuser: Die Bewohner hatten es über die Felder nicht weit zum Bahnhof und zum Freibad. Ein schöner Spaziergang führt auf dem Ahrensburger Weg über die Landesgrenze zum Gut Wulfsdorf (oben rechts). 1925 plante Hamburg hier ein Ausweichquartier für das überfüllte Waisenhaus: Aus Kostengründen musste sich Direktor Albert Paschen mit zwei kleinen Heimen für schwierige schulentlassene Zöglinge begnügen; sie sollten weit entfernt von den Versuchungen der Großstadt von umsichtigen Erziehern durch Selbsttun in straffer Ordnung auf die Welt der harten Wirklichkeit vorbereitet werden. Das Gut wurde bis in die 1970er Jahre als Heim genutzt und dann an einen Öko-Bauern verpachtet: Er wendet sich an Menschen, die Bio-Landwirtschaft hautnah und im Hofladen Wohlfühl-Atmosphäre erleben wollen; daneben gibt es noch ein Haus der Natur. Das Freibad wird nun vom Hamburger Bund für Freikörperkultur und Familiensport betrieben. Inzwischen ist rundum alles bebaut und Auf den Wöörden ist von Bäumen dicht bestanden.

Seen zwischen Farmsen und Bramfeld

Eine Tonkuhle als Strandbad: Es wurde im Sommer 1930 nach dreijähriger Bauzeit feierlich eröffnet. Ursprünglich hatte eine Ziegelei hier Ton abgebaut; fast über Nacht war die Grube voll Wasser gelaufen, dabei soll sogar ein großer Goldmünzenschatz verloren gegangen sein. Der sozialdemokratische Gemeindevorsteher Jonni Birckholtz hatte sich für den Umbau zu einem Freizeitgelände eingesetzt. Dabei packten in der abgelegenen Landgemeinde Hamburgs alle mit an: Die Fabrikanlage musste abgebaut, Sand musste aufgeschüttet werden; eine lange Rutsche für die kleinen und ein Sprungturm für die großen Schwimmer wurden errichtet; am Neusurenland (oben quer) gab es einen fahnengeschmückten Zugang sowie einige Bretterbuden. Das daneben liegende Gewässer, nach einem Berliner Vorbild „Stölpchensee" genannt, ist ebenfalls eine überflutete Tonkuhle; sie gehört bereits zur Nachbargemeinde Bramfeld. Die Eigentümerin, die Hamburger Waagenfabrik Vogel & Halke, verpachtete um 1930 die Seegrundstücke an etwa 50 ihrer Mitarbeiter: Sie konnten farbenfreudig gestrichene Sommerlauben errichten, Aborte aufstellen, Pumpen anlegen, Obst und Gemüse anbauen, Kleinvieh halten. Die folgenden Jahrzehnte haben beide Seen zu schattig umgrünten Idyllen gemacht. Die Gartenfreunde Stölpchensee am Swartenhorst (rechts) haben als Kleingärtner ihre Lauben befestigt, feiern Seefeste und lassen die Angelfreunde „Lahmer Hecht" für den richtigen Fischbestand sorgen. Das Strandbad betreibt seit 1988 anstelle der Hamburger Wasserwerke ein Verein: Er sorgt für neue Attraktionen und gute Wasserqualität. Wo eine weitere Ziegelei stand (oben Mitte), hat 1956 das Gymnasium Farmsen die ersten Schüler aufgenommen; die Tonkuhle davor füllte sich nicht mit Wasser, sondern bis 1966 mit dem Müll der Großstadt: Die giftigen Altlasten verhindern den geplanten Wohnungsbau, aber nicht den Radsport auf einer 2014 angelegten BMX-Bahn.

der hält!

Holstenstraße in Bergedorf

Ein Nadelöhr für die Fahrt von Hamburg nach Berlin: Auch nach der Verbreiterung der Holstenstraße (quer, heute: Alte Holstenstraße) 1892/93 von fünf auf 15 Meter kam es auf beiden Seiten des ebenerdigen Bahnübergangs zu häufigen und langen Staus. Die Schranken schlossen sich nicht nur für die Züge von Hamburg nach Berlin, sondern auch für die Güterzüge, die das Eisenwerk und die Nagelfabrik über eigene Gleisanschlüsse erreichten (links, nicht mehr im Bild). Immerhin konnten die Autofahrer erkennen, dass die Reifen der Harburger Gummiwarenfabrik Phoenix besonders haltbar sind (Mitte links). 1928 wurde beschlossen, die Bahngleise auf einen Damm zu legen, um die Holstenstraße zu überbrücken; es dauerte Jahre, bis alles fertig war und auch ein richtiges Bahnhofsgebäude mit Gepäckabfertigung stand. Den Bergedorfern und ihren Gästen blieb die Holstenstraße über die Bille, vorbei an den Grünanlagen des Schlosses (links) und der Kirche St. Petri und Pauli, weiter auf der Großen und der Sachsenstraße (heute: Sachsentor) bis zum Mohnhof eine Flanier- und Einkaufsmeile; es gab überdies zahlreiche Damenfriseure und Konditoreien mit Kaffeeausschank sowie Zigarrengeschäfte und eine Likörfabrik am Serrahn (rechts). Ganz neu ist das Gebäude des Amtsgerichts in Hufeisenform an der engen Ernst-Mantius-Straße (oben links): Mit seiner strengen Fassade und der Klinkerverkleidung entspricht es den Vorgaben von Oberbaudirektor Fritz Schumacher für die Staatsbauten in Hamburg. Aus dem Schloss ist 1928 Amtsgerichtsdirektor Oskar Seebohm mit zwei Richtern und vier Justizinspektoren hier eingezogen. In der Öffnung zur Bille ist als schmaler Flachbau das Gefängnis versteckt: In getrennten Flügeln können bis zu 20 Männer und zehn Frauen eingeschlossen werden.

Rattanmöbel aus Bergedorf

Von der Landstadt zum Industriestandort: In unmittelbarer Nähe des Zentrums, mit Blick auf den Hafen (Mitte), die Kirche und das Schloss (links davon), hat sich Bergedorfs größter Steuerzahler seit 1890 mit seinen Hallen und Lagerflächen ausgebreitet, die Stuhlrohr-Fabrik von Rudolf Sieverts. In den vier Jahrzehnten vor dem Ersten Weltkrieg hatten sich auf dem freien Wiesenfeld („Kamp") zwischen dem Weidenbaumsweg (links nicht mehr im Bild) und dem Schleusengraben der Bille (rechts) zahlreiche Industriebetriebe angesiedelt, eine Glashütte, eine Molkerei-Maschinenfabrik, eine Zuckerraffinerie und ein Konkurrent aus Bremen, die Hanseatischen Stuhlrohrfabriken Rümcker & Ude. Stuhlrohr ist die deutsche Bezeichnung für Rattan, holzähnliche Palmen mit sehr langen Lianen, die in Südostasien ohne viel Aufwand wachsen und klettern. Während das Gewächs vor Ort beim Hausbau Verwendung findet, nutzen die Europäer den aus ihren Kolonien gewonnenen Rohstoff zur Herstellung von leichten, elastischen und stabilen Möbeln. Nach langer Überfahrt aus Singapur bringen ihn Kähne aus dem Hamburger Hafen: Er wird am Kai entladen,in den Fabrikhallen getrocknet und aufbereitet: gespalten, geschliffen, gehobelt, gebleicht, in Dampfkesseln geschmeidig gemacht und auf Schablonen gebogen. Es entstehen Korb- und Schaukelstühle sowie andere Sitzgelegenheiten mit Flechtwerk für Haus und Garten; nebenbei gibt es Körbe, Rohr- und Schlagstöcke sowie Teppichklopfer. Rattan aus Bergedorf gelangt über Hamburg in die weite Welt. Als die Kolonien nach dem Zweiten Weltkrieg ihre Unabhängigkeit erhielten, verlagerte Sieverts seine Produktion allmählich nach Indonesien. Das Gelände wurde einer Umgehungsstraße und anderen Nutzern überlassen; erhalten blieben ein 2003 geschlossener Abholmarkt für Rattanmöbel und die drei großen Lagerhallen: Sie sollen saniert und Teil eines *Stuhlrohrquartiers* mit tausend Wohnungen werden.

Blick auf die Siedlung zwischen Gojenbergweg und August-Bebel-Straße mit dem Krankenhaus (unten Mitte) und der Sternwarte (oben rechts).

Eine prächtige Volksschule in Bergedorf

Das 17000-Seelen-Städtchen im hamburgischen Landgebiet plant seine Erweiterung: Noch bevor auf dem Gojenberg das Krankenhaus und die Sternwarte ihren Betrieb aufgenommen haben, entsteht ab 1910 an der verlängerten Bergstraße (später: August-Bebel-Straße) ein zweiflügeliges Schulgebäude in reinem Ziegelbau: Knaben und Mädchen haben getrennte Eingangsportale, in der Mitte befindet sich die abwechselnd genutzte 300qm große Turnhalle, dahinter der gemeinsam genutzte Spielhof. Nach dem Ausbau des Dachgeschosses für den Unterricht in Chemie und Physik, für das Werken und die Nadelarbeit gibt es hinter großen Fenstern insgesamt 30 Klassenräume für jeweils bis zu 50 Schüler und Schülerinnen an zweisitzigen Schulbänken. Schulgeld musste ab 1919 nicht mehr gezahlt werden. Die Nebenstraße Am Birkenhain (rechts, heute: Spieringstraße), die der Schule den Namen gab, ist bereits bebaut, die Freiweide (links) noch völlig frei: Hier und an weiteren nach Musikern sowie Schriftstellern und einer Schriftstellerin benannten Querstraßen plante die Gemeinnützige Baugenossenschaft Bergedorf in den 1920er Jahren gartenstadtartig die Errichtung von Miets- und Einzelwohnhäusern. Bomben fielen nicht auf Bergedorf, allerdings wurde die halbe Schule als Lazarett genutzt. Veränderungen gab es in der Namensgebung: Als 1935 die Freiweide zur Walter-Flex-Straße wurde, hieß auch der Mädchen-Teil der Schule nach dem im Ersten Weltkrieg gefallenen Schriftsteller. 1949 trat an seine Stelle ein NS-Opfer: Der verurteilte Aufrührer, kommunistische Bürgerschaftsabgeordnete und Rotfrontkämpfer Ernst Henning war im Frühjahr 1931 auf der Rückfahrt von einer Parteiversammlung in Zollenspieker von drei jungen SA-Leuten erschossen worden. Nach der Zusammenlegung der Jungen- und Mädchenschule 1979 trägt auch die gesamte Schule seinen Namen. Sie wurde 2004 aufwändig renoviert und erweitert. Mit dem Konzept *Prima Klima* hat sie Auszeichnungen als *Gesunde Schule* und als *Bewegte Schule* errungen.

Gemüseanbau in Kirchwerder

Das größte Dorf der Vierlande an der Südspitze Hamburgs: Hier macht die Elbe (oben rechts) einen großen Bogen, hier gibt es eine Fährverbindung über den Fluss, hier geht es auf einem alten Heerweg nach Bergedorf. Seit Jahrhunderten sind Kleinbauern, Kätner und Hufner an der Arbeit, um mit ihrem Grünzeug die Bewohner der nahegelegenen Großstadt zu beliefern. Sie haben ihr Sand- und Schlickland rundum eingedeicht gegen die immer wiederkehrenden Hochwasser der Elbe, an die Bracks (rechts) erinnern. In ihren langgestreckten Gärten bauen sie die ganze Palette von Gemüsearten an: Erbsen, Bohnen, Salate, rote Beete, Karotten, Kohlsorten, Kartoffeln, Zwiebeln, Rettiche, Kürbisse, Melonen, Tomaten und sogar Artischocken; am Rande stehen überdies Obstbäume. Eine besondere Stellung nimmt die Erdbeere ein, die für Kirchwerder seit 1693 nachgewiesen ist. Um möglichst früh ernten zu können, werden die Pflanzen auf Mistbeeten unter Fensterglas oder mit eingebauten Heizungsrohren vorgezogen; Gewächshäuser sind kaum zu sehen. In der Haupterntezeit wurde sogar Berlin per Eisenbahn beliefert. Für den Verkauf auf Hamburgs Märkten zogen sich die Vierländer Bäuerinnen ihre eigenartigen Trachten mit der flachen Kopfdeckung an, gewissermaßen als Gütesiegel ihrer Gemüse- und Obstangebote. Ihnen zur Ehre wurde ein Denkmal mit Brunnen und Sandstein-Figur errichtet, zuerst auf dem Messberg, heute auf den Hopfenmarkt. Im Hintergrund der Zollenspieker mit der Fähre zum anderen Elbufer (oben links) und das alte Schulgebäude von 1914 am Kirchenheerweg (oben Mitte); die Außendeichflächen mit den Steinbuhnen (oben) sind heute Naturschutzgebiet.

Entwässerung in Ochsenwerder

Eine Schleuse und ein Pumpwerk gegen den schlimmsten Feind der Marschlande: Das Gebiet zwischen Elbe (oben) und Bille liegt nur wenige Meter über dem Hamburger Normal Null, ist flach wie ein Teller und wird von windungsreichen Elbarmen durchzogen, der Dove- und der Gose-Elbe (Mitte). Schon die ersten Besiedler im 13. Jahrhundert umrundeten die dazwischen liegenden Inseln mit Deichen und versahen sie mit Gräben. Trotzdem kam es immer wieder zu Überschwemmungen, über die Deiche und aus der Tiefe. Da sollten, zumindest bei Wind, Entwässerungsmühlen helfen: Sie schöpften das Wasser mit hölzernen Kisten aus Sammelgraben, später schraubten sie es mit archimedischen Schnecken in Abflusskanäle Richtung Gose-Elbe: Von den gut zwei Dutzend Mühlen in Ochsenwerder stehen noch zwei (links und Mitte), eine davon wurde renoviert und diente als Denkmal. Seit 1924/25 verhindern die Reitschleuse (links) und das rot geklinkerte Pumpenwerk (Mitte) Ochsenwerders Wassernot: Die Flut wird außen vor gehalten, der Wasserstand bleibt niedrig. Die elektrisch betriebenen Pumpen können so eingestellt werden, dass sie das Land nicht nur ent-, sondern bei anhaltender Trockenheit auch bewässern. Links neben dem Pumpwerk steht die Gastwirtschaft „Zur Schleuse“: Hier erholten sich die Schleusenbauer aus dem Mecklenburgischen bei Speis und Trank von der schweren Arbeit mit Spaten und Schiebkarre, bevor sie am Wochenende nach Hause fuhren. Seit auch die Dove-Elbe abgesperrt wurde, können noch ungestörter Blumen gezogen und Gemüse angebaut werden; beim Zusammenfluss der beiden toten Elbarme liegt nun ein Naturschutzgebiet mit Vogel- und Insektenparadies. Die alte Mühle wurde in den Nachkriegsjahren ein Opfer der verzweifelten Suche nach Brennholz; eine Rekonstruktion zeigt das Museum in Curslack.

Sandes Badeanstalt an der Bille

Freizeit am Grenzfluss zwischen Bergedorf und Sande (ab 1927: Lohbrügge): An einem Sommertag 1920 hatte es eine große Einweihungsfeier gegeben: Der Sander Schwimmverein von 1904 eröffnete mit einem Festprogramm eine neue Badeanstalt (links unten). Nach dem Festzug durch den kleinen Ort gab es vier Stunden lang ein großes Schauschimmen, Turmspringen und Wasserballspiele. Sande war in Bergedorf wegen der Konkurrenz bei der Ansiedlung von Industriebetrieben ein unbeliebter Nachbarort. Zum größten Arbeitgeber stieg der Fabrikant für landwirtschaftliche Maschinen, Wilhelm Bergner aus Geesthacht, auf: 1864 hatte er westlich der Bille günstiges Bauland für seinen Betrieb gefunden, vor der Tür einen Wasserweg zur Elbe und die Schienen der Eisenbahn nach Berlin und die östlichen Agrargebiete. Obwohl er in dem Hamburger Landstädtchen keine Steuern zahlte, firmierte er als Bergedorfer Eisenwerk. Von weit her strömten die Arbeitskräfte, Ende der 1920er Jahren waren es mehr als 2000. Gewinne erwirtschaftete Bergner vor allem mit Land-, Molkerei- und Kältemaschinen. Er sorgte in Sande für eine Erlöserkirche und einen Friedhof, wo er sich noch zu Lebzeiten ein Mausoleum errichten ließ. Vielleicht hat er auch Sandes Schwimmer unterstützt. Jedenfalls haben die Bergedorfer erst fünf Jahre später ihr Stadtbad rund 800 Meter flussabwärts eröffnen können. In den 1970er Jahren mussten die Fabrikanlagen dem Neubau von hohen Wohnwaben in rotbrauner Verblendung mit offenen Höfen zum Billebogen weichen. Als Badegewässer ist die Bille nicht mehr zugänglich.

Die beiden Fabriken aus anderer Perspektive

Beton und Opium in Moorfleet

Dem Marschendorf an der Alten Dove-Elbe (oben, früher: Moorfleth) wurde zur Ansiedelung von Industrie das Hinterland genommen: Der Erschließung dient die Andreas-Meyer-Straße (Mitte) und der 70 Meter breite Moorfleeter Kanal (unten). Zu Beginn der 1920er Jahre errichteten hier zwei Großbetriebe vom Rhein Zweigwerke, die Betonwarenfabrik Dyckerhoff & Widmann aus Karlsruhe bzw. Wiesbaden (links) und das Chemieunternehmen C. H. Boehringer Sohn aus Ingelheim (rechts). Für die Baustoffproduktion war Hamburg ein attraktiver Standort, wo ununterbrochen aus dem Gemenge von Kies, Sand und Zement Fundamente, Wände und Decken für Schulen, Kontorhäuser, Verwaltungsbauten benötigt wurden; mit der Weltwirtschaftskrise begann der Niedergang, aufwärts ging es erst wieder 1933 mit dem Bau der Autobahnen. Schon vor dem Krieg hatten die Forscher in Ingelheim Wege gefunden, aus dem Saft des Schlafmohns Opiat-Substanzen zu gewinnen, nach denen Arzneimittelunternehmen und Apotheken im In- und Ausland im und nach dem Krieg immer mehr verlangten: Mittel zur Betäubung von Schmerzen, z.B. Laudanon, geschluckt oder gespritzt, sowie Mittel gegen starken Reizhusten; Einschränkungen gab es mit dem Opiumgesetz von 1929. Nach dem Zweiten Weltkrieg verlegte sich Boehringer in seinem Hamburger Werk auf die Produktion von sogenannten Pflanzenschutzmitteln zur Bekämpfung von Unkraut (Herbizide) und Schädlingen (Pestizide). Als Nebenprodukt fiel das hochgiftige Dioxin an: Erst erkrankten Arbeiter, dann wurden der Boden im Umkreis von einem Kilometer und das Grundwasser verseucht. 1984 musste das Werk seinen Betrieb einstellen und alle Gebäude abreißen; die Sanierung zog sich über mehr als ein Jahrzehnt hin. Seitdem dient das Gelände nur noch als Abstellplatz für Nutzfahrzeuge; auch die anderen Flächen zwischen Straße und Kanal sind zubetoniert.

Eine Rundfunksendeanlage in Lokstedt

Ein riesiger Hallenbau (links) an der Grenze zu Eppendorf: Auf dem Gebiet der Nachbargemeinde Lokstedt hat die Deutsche Reichspost Ende der 1920er Jahre an der Osterfeldstraße ein Telegraphen-Zeugamt mit vier Hallen und drei überdachten Innenhöfen für Lagerhaltung und Werkstattbetrieb errichtet, im Dachgeschoss blieb auch noch Platz für Büros und Wohnungen. Auf demselben Grundstück erhebt sich bereits seit Ende 1925 die von der Post betriebene Rundfunksendeanlage: Zwischen zwei freistehenden 100 Meter hohen Eisengittermasten ist die Sendeantenne gespannt, darunter liegt die Sendestation. Hamburgs Rundfunkzeitalter hatte Anfang Mai 1924 begonnen: Provisorisch erfolgte der Sendebetrieb zunächst vom Telegraphenamt in der Schlüter-/Ecke Binderstraße; dort brachten zwei Rohrmasten die Antenne gerade mal auf 50 Meter Höhe. Anfang 1934 erweiterte ein Großsender die Ausstrahlung des Rundfunks von einem 145 Meter hohen Funkturm in Moorfleet. Vor dem Ersten Weltkrieg und in den 1920er Jahren waren im Dreieck zwischen Frickestraße (Mitte), Lokstedter Weg und Kegelhofstraße (rechts nicht mehr im Bild) vier- bis fünfgeschossige Wohnblocks mit mehr als 2000 Wohnungen gebaut worden. Jeder Quadratmeter wurde genutzt: kleine Wohnungen, schmale Straßen, enge Höfe. Seit 2010 wird das Quartier am Zeughaus für vielfältige Bürozwecke genutzt: Gegenüber dem umgebauten alten steht als Pendant ein Gebäude in ähnlicher Gestalt und im gleichen dunkelroten Klinkerschmuck; die Einfahrt zur Osterfeldstraße beherrscht ein elfstöckiger Hotelneubau.

Gestaltet wurde das Radioprogramm von der Nordischen Rundfunk Aktiengesellschaft, kurz Norag, unter dem Intendanten Kurt Stapelfeldt für rund eine halbe Million Hörer gegen Bezahlung einer Gebühr von 2 Reichsmark: *Hier ist die Norag, die Norag für jedermann, der im Monat noch zwei Mark bezahlen kann. Hier ist die Norag, die Norag für Dich mein Kind, wenn wir abends ganz allein zu Hause sind.*

Der Siemersplatz in Lokstedt

Ein beliebtes Ziel vieler Eppendorfer und Eimsbütteler: Die Gaststätte Lindenpark an der Hindenburgstraße (rechts, zunächst und heute: Lokstedter Steindamm), Ecke Osterfeldstraße (links) lud die Ausflügler zur Einkehr ein und ihre Kinder zum Karussellfahren und Schiffsschaukeln. Die Besucherzahlen gingen in der Krisenzeit zurück, vielleicht auch wegen der herausgehängten Gesinnung. Erreichen konnte man das idyllische Plätzchen bequem mit der Straßenbahnlinie 22, die weiter über Niendorf bis nach Schnelsen fuhr. Wie den Holzhändler und Sägereibesitzer Carl Subbert, der sich eine klassische Villa im Gartenland (links) gönnte, zog es nach 1900 auch andere Hamburger aus der Stadt aufs Land: Sie ließen sich an sechs Verbindungsalleen zwischen Hindenburgstraße und Grandweg vornehme Villen errichten; in einer Mischung aus Ablehnung und Bewunderung tauften alteingesessene Lockstedter das Neubaugebiet Zylinderviertel. In der Hoch(heute: Sottorf)allee fand das Gemeindeamt 1915 eine eindrucksvolle Unterkunft. Hier wurde der Widerstand organisiert gegen die Pläne des 1924 neugewählten sozialdemokratischen Oberbürgermeisters von Altona, Max Brauer, die umliegenden Gemeinden einzukassieren: Es wurde eine Urabstimmung durchgeführt (9 Stimmen für Altona, 3192 dagegen), Flugblätter riefen zum Abwehrkampf auf („Wir wollen nicht das gereinigte Elbwasser aus Altona, sondern das Quellwasser aus unserem Wasserturm"). Die Preußen-Regierung wurde mit Eingaben überschüttet (Nicht Altona, Hamburg ist Lokstedts Brotherr), und es wurde die Vereinigung mit Niendorf und Schnelsen zu Großlokstedt vorbereitet. Tatsächlich gelingt es (anders als den Elbvororten), Altonas Griff nach den Steuereinahmen zu verhindern. Lokstedt macht sich: 1928 erhält die Freiwillige Feuerwehr eine neue Wache, und die Sparkasse der Gemeinde zieht 1934 in einen neuen Klinkerbau am Siemersplatz ein, wo zuvor Wäsche getrocknet worden war (rechts unten). Die 1960er Jahre vierteilen Lokstedt und machen durch den Ausbau der Ausfallstraße und der Ringstraße aus dem Platz eine unüberschaubare Kreuzung.

Dirt Track in Lokstedt

Eine Arena mit schräger Schlackenbahn für Rasereien, Aufmärsche und Boxkämpfe: Zur Aufbesserung ihrer Finanzen hatte die Gemeinde beschlossen, gleich neben Hagenbecks Tierpark (links unten) nach US-amerikanischem Vorbild die „modernste Motorrad-Rennbahn der Welt" zu bauen. Eröffnet wurde sie am 7. Juli 1929 mit einem Konzert der Hamburger Ordnungspolizei und dem Angebot, bei Programmkauf ein neues BMW-Motorrad gewinnen zu können. Mit dabei der 22-jährige Herbert Drews: Angetan mit Sturzhelm und Lederanzug raste er auf seiner DKW vier Mal um das Rund und wurde letzter; ein Jahr später gewann er und errang den Goldenen Helm. Der ohrenbetäubende Lärm und die aufgewirbelten Aschewolken an Sonn- und Feiertagen sowie abends bei Flutlicht führten zu Protesten der im gleichzeitig fertiggestellten Heimat-Block (Mitte links) untergebrachten Postangestellten, so dass der Betrieb 1932 eingestellt werden musste. So konnte die fahnengeschmückte Rennbahn einen Tag vor den Wahlen zur Bürgerschaft und zum preußischen Landtag am 24. April 1932 für eine Veranstaltung mit Adolf Hitler genutzt werden, zu der 120.000 Menschen aus Hamburg, Altona und Umgebung aufmarschierten. Nach der Aufstellung eines quadratischen Rings diente die Anlage auch dem Boxsport: Bei der deutschen Meisterschaft im Schwergewicht am 26. August 1934 trug Max Schmeling gegen Walter Neusel nach acht Runden den Sieg davon. Nach dem Zweiten Weltkrieg richteten die britischen Besatzer auf der Rennbahn ein Nissenhüttenlager ein, in das sie deutsche Kriegsgefangene für Aufräumarbeiten in Hamburg einsperrten; die Leidenschaft der Dirt-Track-Rennen wurde an den Langenfort in Dulsberg verlegt, wo auch Drews mitfuhr und Anfang 1949 tödlich verunglückte. Ab 1953 bereitete sich der Norddeutsche Rundfunk auf dem Dirt-Track-Gelände mit Neubauten auf das Fernsehzeitalter vor.

Bramfelds Hamburger Straße

Ein holsteinisches Dorf am Landweg von Hamburg über Oldesloe nach Lübeck: Nach dem Ende der Dänen-Herrschaft und der Zollgrenze 1864 richteten sich die Bauern auf die Belieferung der Hamburger mit Milch und Gemüse ein. Aus den Feldern wurden Gärten, in Freibeeten und unter Glas wuchsen Rhabarber, Blumen- und Weißkohl, Gurken, Feldspinat und Küchenkräuter; in ihren Kellern legten die Gemüsegärtner Champignon-Kulturen an. Die Bevölkerungszahl stieg von etwa 3000 im Jahr 1900 auf fast 9000 im Jahr 1932. Links und rechts von der mit Ulmen bestandenen Hauptstraße (heute: Bramfelder Chaussee) wurden Einzelhäuser und Wohnblocks gebaut. Das ehemalige Dorf mauserte sich zum Vorort: Am Dorfplatz (damals: Bei der Friedenseiche) wurde 1889 eine neue Schule eröffnet, dann 1912 gleich daneben für den Gemeindevorstand des neuen Amtsbezirks Bramfeld-Steilshoop ein Rathaus (Mitte, heute Steakhaus), sowie ein Elektrizitätswerk (Mitte rechts, heute neu errichtetes Gesundheitszentrum). Ein Jahr später kam noch eine eigene Kirche im norddeutschen Stil dazu (unten) und nach dem Ersten Weltkrieg gegenüber ein neuer Bramfelder Hof, in dem Ferdinand Klempau Bavaria-St. Pauli-Bier ausschenkte. Tatsächlich wünschte man sich eine engere Verbindung zu Hamburg, besonders nachdem der Millionenstadt 156 Hektar Land zur Erweiterung des Ohlsdorfer Friedhofs (oben links) überlassen worden war. Zu mehr als einer Busverbindung nach Barmbek reichte es lange nicht; dafür breitete sich nach dem Zweiten Weltkrieg die von Max Bahr 1927 in Bramfeld gegründete Holzhandlung als Baumarktkette in Hamburg aus. Der Stadtteil verlor seine Ruhe, als die Chaussee begradigt und vierspurig ausgebaut und eine Großsiedlung im benachbarten Steilshoop hochgezogen wurde.

Ein Arbeitsdienstlager in Rahlstedt

Das Gut Höltigbaum mit Wirtschaftsgebäuden an einer alten Landstraße zwischen Hamburg und Lübeck: Die 1892 errichtete zweigeschossige Luxusvilla in hellem Putz ist durch viele unglückliche Hände gegangen, bis sie 1931 vom Kreis Storman übernommen wurde. Mit der Einführung eines Freiwilligen Arbeitsdienstes durch Notverordnungen ergab sich eine sinnvolle Nutzung: In den Zeiten der großen Arbeitslosigkeit sollte er jungen Leuten ermöglichen, in Kontakt mit der Arbeitswelt zu bleiben. Anfang August 1932 standen etwa 50 Vermessungstechniker vor dem Eingang der Villa stramm: Sie hatten zuvor auf der Grundlage von Luftbildern an der Entwicklung einer Deutschland-Karte in großem Maßstab gearbeitet, waren entlassen worden und sollten nun für täglich 2 Reichsmark weiterarbeiten können; organisiert wurde es vom Deutschen Handlungsgehilfenverband in Hamburg. Bessere Arbeitsplätze konnte man sich nicht vorstellen: Es gab Zentralheizung, fließend Wasser, elektrisch Licht, an den Wänden Seidentapeten, an den Decken Gemälde; das gemeinsame Essen fand auf Holzgestühl in der holzgetäfelten Halle statt. Der benachbarten Gemeinde Rahlstedt war man bei der Planung für den Straßenbau und für die Herstellung von Regenrückhaltebecken in den neuen Siedlungsgebieten behilflich. Nach Abschluss der kartografischen Arbeiten und der Umgestaltung der landwirtschaftlich genutzten Flächen zu einem Truppenübungsplatz für die in Rahlstedt stationierten Panzergrenadiere wurde das Arbeitslager 1937 aufgelöst; die Villa diente erst als Möbellager, nach dem Krieg als Flüchtlingsheim, Altersheim und zuletzt der Kunst. Nach aufwändiger Restaurierung wurde das Herrenhaus inmitten eines großen Parks an der vierspurigen Sieker Landstraße für stilvolle Feiern aller Art angeboten. Den ehemaligen Truppenübungsplatz teilen sich Hamburg und Schleswig-Holstein als Naturschutzgebiet für Barfußwanderungen und Waldbäder.

Der Marktplatz in Sasel

Ein Dorf auf dem Weg zum Vorort: Der Aufschwung begann nach dem Ersten Weltkrieg, als das Gut Saselhof aufgeteilt wurde und einige hundert Siedler begannen, sich mit Gemüseanbau und Kleintierhaltung selbst zu versorgen. Sie schufen sich um einen quadratischen Platz herum ein Ortszentrum: Die zweiflügelige Volksschule (links) wurde ausgebaut, rechts daneben erhielt die Freiwillige Feuerwehr ihre Wache, daneben die Post ein breites Gebäude und gegenüber 1928 die Gemeindevertretung ein Rathaus mit Dachreiter (rechts), allesamt nach Hamburger Vorbild in roten Klinker gekleidet. Vom Saselhof sind rechts das breite Torhaus, der lange Kuhstall und der bescheidene Gutshof zu sehen. Nicht zu sehen ist die 1928 nach einem Sängerfest in Wien hinter dem Rathaus zum Gedenken an den Komponisten Franz Schubert gepflanzte Linde, die der Männergesangverein Salia mit dem Liede „Am Brunnen vor dem Tore, da steht ein Lindenbaum" begrüßte. Vor den Toren der Großstadt entwickelte sich Sasel zu einem beliebten Wohnort: Die Schule steht noch und betreut Menschen mit komplexen Behinderungen, die Post hat ein paar Räume behalten, im ehemaligen Rathaus werden Grillgerichte serviert, im ehemaligen Kuhstall bietet ein Kulturzentrum Konzerte, Ausstellungen, Lesungen, Tanz in den Mai und im Großen Saal unter dem Dach Gelegenheit zum Feiern. Der Marktplatz hat allerdings durch den Bau einer vierspurigen Ringstraße gelitten: Die Lokalpolitiker haben 2020 beschlossen, Sasels Zentrum hübsch zu machen und durch eine Mauer vor dem Straßenlärm zu schützen.

Der Güterbahnhof in Altona

Ein Umschlagplatz im Gleisgewirr: An einer sechsspurigen Gleisharfe (Mitte) stehen Güterzüge bereit, die teils im Freien, teils an überdachten Lagerschuppen be- und entladen werden. Überbrückt wird die Anlage von zwei weiten Gleisbögen, die die Vororts- und Fernbahn vom Altonaer Hauptbahnhof zum Hamburger Hauptbahnhof (oben Mitte) führen. Die Gleise des Güterbahnhofs bündeln sich zur Strecke Richtung Kiel. Mittendrin steht neben einem Wasserturm der immer wieder erweiterte Rundbau eines Lokschuppens: Eine Drehscheibe sorgt dafür, dass die Dampflokomotiven zu einem der 57 Abstellplätze dirigiert werden. Rundherum zahlreiche Abstell- und Rangiergleise. Morgens um sechs Uhr begann die erste Schicht der Lagerarbeiter, die mit ihren Sackkarren über die Bahnsteige kutschierten, um die Waggons mit den nach Zielorten sortierten Waren zu beladen. Eine besondere Halle diente dem Eilgut (Mitte rechts): Hier endete die einen Kilometer lange Tunnelbahn, auf der aus dem Hafen vor allem in Eis verpackter Frischfisch transportiert wurde. Über den Rainweg (seit 1950: Harkortstraße) am Kopf der Gütergleise wurden mit Fuhrwerken und Lastwagen die Waren angeliefert und abgefahren. Dahinter sind der neue Vieh- und der alte Schlachthof sowie Fischräucherei und Fischfeinkostfabrik mit direktem Gleisanschluss zu erkennen, wo sich nach dem Krieg die Holsten-Brauerei ausbreitete. Als Sportplatz (oben rechts) wird der ehemalige Exerzierplatz der Viktoria-Kaserne genutzt, in der nach dem Ersten Weltkrieg Altonas Polizeipräsident seinen Sitz nahm. Mit der Verlagerung des Güterverkehrs von der Schiene auf die Straße und in die Luft verlor der Bahnhof seine Bedeutung: 1996/97 wurde der Betrieb eingestellt. Was lag näher, als bei der Planung des neuen Wohnquartiers Mitte Altona auf zukunftsweisende Mobiliäts-Angebote zu setzen, d.h. verkehrsreduziertes Wohnen und fußläufige Versorgung. Geblieben aus den alten Zeiten ist neben zwei langen Lagerschuppen nur ein zweistöckiges Verwaltungsgebäude der Reichsbahn, die denkmalgeschützte Kleiderkasse zur Ausstattung der Eisenbahner mit Uniformen (Mitte rechts).

Ein Glaspalast für die Arbeiterjugend

Ein Berufsschulzentrum am Platz der Republik zwischen Altonaer Rathaus (unten) und Altonaer Museum (rechts): Fast revolutionär wirkt das moderne Haus der Jugend gegenüber den traditionellen Bauten aus der Kaiserzeit. An den dreigeschossigen Vorbau schließt sich ein sechsgeschossiges Haupthaus an mit einem Querhaus und einem Flügel. Betont sachlich geregelt und schlicht gegliedert zeigen sich unter dem Flachdach die Fassaden mit dem unverhüllten Betonskelett und den großen Fenstern. Ziel der Stadt war es, an diesem Ort alle Berufsschulzweige zusammenzufassen: In mehr als 100 Klassen- und Facharäumen sollte die nächste Generation der Arbeiterschaft neben einer soliden beruflichen auch eine weiterführende allgemeine Ausbildung erhalten. Überdies gab es im Querhaus eine Aula für 800 Personen, die als Stadtsaal auch für kulturelle Veranstaltungen gedacht war. Verantwortlich für die Architektur war Bausenator Gustav Oelsner: Die großen Fenster sollten viel Licht in die tiefen Räume bringen; im Winter drang jedoch auch viel Kälte ein, so dass sie bald gegen kleinere mit breiteren Rahmen ausgetauscht wurden. Zur Einweihung Ende Oktober 1930 feierte die SPD-Presse den größten Neubau Altonas in den 1920er Jahren als Demonstration gegen die alte Zeit: „Dieser faszinierende Anschauungsunterricht dürfte erzieherischer sein als alle Vorträge über den Sinn dieser Zeit." Während der linke Flügel des Museums im Krieg vollständig zerstört wurde, wurde die Straßenfront des Hauses der Jugend nur beschädigt. Die Aula nutzt seit 1954 das Altonaer Stadttheater als neue Spielstätte.

Ein Rosengarten in Altonas Stadtpark

Die letzten Reste einer großartigen Gartenbauausstellung: Zur Eröffnung durch Oberbürgermeister Bernhard Schnackenburg im Mai 1914 wollte sich Altona als Stadt der Parks an der Elbe erweisen. Es war eine schwierige Aufgabe, auf dem abschüssigen Gelände des Elbhangs von Neumühlen (rechts) und zwischen dem alten Baumbestand Flächen für die Pflanzenschau der Tulpen, Stauden, Gladiolen, Dahlien und vieles mehr zu gewinnen. Überdies waren entlang der Flottbeker (heute: Elb-) Chaussee ein Fest- und Spielplatz, ein Vergnügungspark, Restaurants vorgesehen; auch die beiden Gartenlokale Elbschlucht und Elbburg („gepflegte Biere und Weine") wurden einbezogen. Zugleich wurde das 250-jährige Stadtjubiläum mit einer neuen Hymne gefeiert: „Heil dir, du Stadt an des Elbufers Hang." Dann brach im August der Große Krieg aus, alles musste abgesagt werden, statt eines reichen Gewinns gab es empfindliche Verluste. Vom gesamten Ausstellungsgelände blieben in den 1920er Jahren nur Donnerspark und Stadtpark mit Aussichtsterrassen und einer gepflegten Rosenanlage erhalten. Bemerkenswert sind das gerade fertiggestellte weiße Wohnhaus vom Architekt Friedrich Ostermeyer an der Bebelallee (links, seit 1934 wieder: Hohenzollernring) und das Elektrizitätswerk Unterelbe (rechts), das ab 1912 seinen Strom als „bestes Mädchen der Hausfrau" anbot. Genießen lässt sich nach wie vor der schöne Ausblick auf die Elbe, nicht jedoch der Rosenduft: Mehr als ein bisschen Gestrüpp ist im schmalen Etat für Grünanlagen nicht vorgesehen; immerhin hat ein privater Spender für einen kleinen Heckengarten gesorgt.

Ausstellungshalle in Ottensen

Eine Halle für Veranstaltungen aller Art: Der Altonaer Stadtbaurat Gustav Oelsner schuf 1925 am westlichen Rand von Ottensen eine blumengeschmückte Anlage mit einem rechteckigen Wasserbecken. Davor eine seiner typischen Zweckmäßigkeitsbauten: ein langgestrecktes Gebäude aus vorgefertigten Holzteilen mit vielen Fenstern und einem Licht gebenden Aufbau. Der Lieferanteneingang liegt in der Moltkestraße (oben, heute Bernadottestraße), der Zugang bei feierlichen Anlässen erfolgt von der Flottbeker (heute: Elb-) Chaussee (unten); westlich und östlich begrenzten die geräumige Grünfläche die Eggers- und die Fischersallee. Noch im gleichen Jahr tagte hier die Hauptversammlung der 1897 gegründeten Deutschen Dahlien-Gesellschaft, die im Schulgarten des Volksparks eine Fläche mit Dahlien betreute; danach fand eine Frühjahrsblumenschau statt. Über die Grenzen der Stadt hinaus wirkte eine große Kunstausstellung, die der Altonaer Künstlerverein im Herbst 1929 durchführte, um die „Erzeuger den Verbrauchern von Kunst" näherzubringen; Oberbürgermeister Max Brauer hoffte, in allen Bevölkerungskreisen die Verehrung und Liebe für die Kunst zu fördern. Etwa 130 Altonaer, Hamburger und auswärtige Künstler stellten vier Wochen lang ihre 500 Arbeiten aus. Besonderen Anklang fanden „bodenständige Gemälde nach schleswig-holsteinischer Art" (erwähnt wurden Otto Thämer und Ivo Hauptmann); ausgestellte Werke von Karl Schmidt-Rottluff, Lyonel Feininger und Wassily Kandinsky wurden nicht als „Bereicherung der deutschen Kunst" angesehen. Besuch und Verkauf erfüllten nicht alle Wünsche. Die Halle wurde im Krieg beschädigt und nach dem Krieg beseitigt, die Fläche zu einem Spiel- und Freizeitgelände umgestaltet.

Sommerfrische in Oevelgönne

Strand-, kein Badeleben westlich der Landungsbrücke Neumühlen, an der die Grünen Dampfer nach Finkenwerder anlegen: Wo sich Seeleute, Lotsen, Ewerführer mit Blick auf die Elbe niederlassen, zieht es auch Ausflügler aus der Stadt hin, leicht zu erreichen mit einem Autobus der Linie II. Sonne und Wind sorgen für das körperliche, eine Gaststätte neben der anderen an weißgedeckten Tischen für das leibliche Wohl: Hervorstechend rechts von der Brücke das Neumühlener, links davon das Oevelgönner Fährhaus. Die Bauherren präsentieren sich unterschiedlich, mal im Fachwerk, mal im Backstein, mal im Putzbau; viele haben am schmalen Durchgang dem Strand mit Stützmauern gepflegte Vorgärten abgerungen. Nur zu ahnen ist hinter den Bäumen (links) eine Gastwirtschaft mit hohem Giebel, wo die Oevelgönner Lotsenbrüderschaft von 1745 tagt. Vier Häuser weiter wohnt, schreibt, malt und zeichnet Hans Leip, dessen Geschichten und Bilder von der Seefahrt inspiriert sind. Zwei Treppen, der Mühlenweg und die Himmelsleiter, sowie eine Straße, der Schulweg, führen den steilen Geesthang hinauf zur Flottbeker (heute: Elb-) Chaussee hinauf, wo sich Hamburger Reeder, Kaufleute und Unternehmer Landhäuser und Villen errichten ließen sowie die prunkvolle Gaststätte Elbschlucht thront (oben rechts). Vom südländischen Flair werden noch immer viele Besucher angezogen; eine weitere Attraktion ist seit 1976 ein Museumshafen beiderseits des Anlegers, auf der Kaimauer (rechts) sind museumsreife Kräne installiert. Wo einst Boote zu mieten waren, wird seit 1975 die Idylle durch einen begrünten Betonklotz gestört, der der Belüftung des neuen Elbtunnels dient. Verändert ist auch der Blick auf das andere Elbufer, wo in Waltershof der Hafen erweitert wurde und nun Container-Brücken ihre riesigen Arme in die Höhe strecken.

Neue Wohnkultur in Othmarschen

Altonas sozialdemokratische Baupolitik auf dem Höhepunkt: Zwei große Wohnblöcke, zwei lange Gebäudezeilen und ein Kopfbau entstehen 1928/29 für die gewerkschaftliche Baugenossenschaft Selbsthilfe am Rande Ottensens, in der Nähe des S-Bahnhofs Bahrenfeld (Mitte rechts), aber eigentlich auf dem 1890 eingemeindeten Gebiet Othmarschens, in Nachbarschaft zu einer Margarine-Fabrik (Mitte links), die den Geruch von Kopra, Sesam und Sonnenblumenkernen ausströmen lässt. Der zuständige Bausenator Gustav Oelsner hatte sich ursprünglich für die Auflösung der Großstadt eingesetzt, dann jedoch dem Wunsch nach günstigem Wohnraum für die wachsende Arbeiterschaft nachgegeben; der zuständige Architekt Friedrich Ostermeyer, bekannt für unkonventionelle Einzelhäuser, begnügte sich mit schmucklosen Klinkerfassaden, monotoner Abfolge von Fenstern und Türen sowie sparsamen Flachdächern. In der SPD-Presse hieß es: „Der Gemeinschaftsgeist, der in der modernen Arbeiterbewegung lebendig ist, hat hier greifbare Gestalt angenommen." Benannt wurde das Wohnquartier nach Friedrich Ebert, der es vom Arbeiterführer zum Reichspräsidenten gebracht hatte und den seine politischen Gegner 1925 in den Tod getrieben hatten. Im grünen Hof zwischen den Zeilen wurde auf einer Stele eine Büste mit großem Kopf aufgestellt: Ob sich der gemütvolle und honorige Rheinpfälzer in dieser streng gegliederten Sachlichkeit wohlgefühlt hätte? Der Krieg ließ die Großwohnanlage unangefochten – die kleinen Wohnungen dienen heute eher als Durchgangsstation für Leute, die es bei höherem Verdienst ins Grüne zieht.

Ein moderner Landsitz in Othmarschen

Ein Wohnhaus mit weiträumiger Gartenanlage: 1930 ließ sich der Tabakkönig und Multimillonär Philipp Fürchtegott Reemtsma an der Parkstraße von dem Frankfurter Architekten Martin Elsaesser eine luxuriöse Unterkunft errichten. Sieben Jahre zuvor hatte Reemtsma die Zigarettenproduktion (u.a. Ernte 23) von Erfurt nach Bahrenfeld in eine freigewordene Kaserne verlegt. Im Geschäft mit dem Rauschgift Nikotin hatte sich der 1893 geborene Philipp zu einem der vermögendsten Männer im Deutschen Reich emporgearbeitet. Das zweigeschossige, (zum Ärger der Nachbarn) grüngekachelte Wohnhaus, mit breiten Glasfronten, leicht geneigtem Flachdach, allem nur denkbaren Komfort, Schwimmbad und Gymnastikraum versehen, lag in einer weiträumigen Parklandschaft, darin ein Teich mit Sandstrand und Wasserrutsche, Spiel- und Sportstätten, ein Reitgarten, ein Boccia- und ein Tennisplatz. Zur Selbstversorgung gab es landwirtschaftlich genutzte Flächen für Gemüse und Obst sowie Gewächshäuser, nicht zu vergessen das halbrunde Teehäuschen neben dem Wildrosengarten. Der Hausherr konnte mit Frau und drei Kindern im Luxus schwelgen: Aus steuerlichen Gründen zahlte er seiner Firma als Eigentümerin eine Miete; es war bezahlbarer Wohnraum, denn der Quadratmeterpreis lag nur geringfügig über dem in Dulsberg. Der Krieg tastete die Besitztümer nicht an, den britischen Besatzern schienen sie geeignet für ein Offizierskasino. Nach ihrem Abzug 1952 wurde die Anlage zur Konzernzentrale um- und ausgebaut, 2003 verkauft: Im denkmalgeschützten Haupthaus können nun vier Wohnungen vermietet werden; der Reemtsma-Park besteht aus fünf Wohnhäusern mit jeweils zwölf Wohnungen.

Zwei weiße Kuben in Bahrenfeld

Mutige Kontrapunkte gegen alte Gewohnheiten: Am Rande eines freien Feldes baute sich der mit der Errichtung der Jarrestadt gut beschäftigte Hamburger Architekt Karl Schneider 1928 ein eigenes Haus, weiß verputzt, mit glatten Außenwänden, gleichförmigen Fensterreihen und einem dritten Geschoss mit Atelier und Terrasse unter einem halboffenen, zugigen Flugdach; zuvor hatte er dicht bei an der Baurstraße (quer) im ähnlichen Stil ein einfaches Haus für seinen Bewunderer Rudolf Spörhase geschaffen: „Heimatkunst im neuen Sinne" bescheinigte dieser seinem Baumeister. Tatsächlich forderten die beiden Klötze die gute Wohnlage ihrer Umgebung heraus: Nur wenige Jahre zuvor war bei den Einzelhäusern in der Cranachstraße (oben rechts) und weiteren Straßen des Malerviertels ein althergebrachter Heimatstil gepflegt worden, mit schrägen Dächern und in rotem Klinker; man gab sich reformfreudig, aber legte Wert auf unverwechselbare Gestaltung der Fassaden. Besonders auffällig (Mitte oben) sind das im Inflationsjahr 1923 errichtete säulengeschmückte Landhaus des Unternehmers Max Böttcher, jüngster Teilhaber der Firma Böttcher & Gessner, die seit 1889 in Altona Maschinen zur Bearbeitung von Holz herstellt, und der langgestreckte Gartenpark, der bis zur Giesestraße (links) reicht. In der Wirtschaftskrise gehen Schneider die Aufträge aus, in der NS-Zeit wird sein international gewürdigter Baustil abgelehnt, er kann sich das Haus nicht mehr leisten und verkauft es 1935. Dem Unternehmen B&G geht das Geld 40 Jahre später aus. Beide Häuser stehen unter Denkmalschutz; das artenreiche Biotop von Böttchers Gartens war zuvor allerdings dicht bebaut worden, über Schneiders leeres Feld zieht sich eine graue Mauer, die vor dem Lärm der Autobahn schützen soll. Das unbewohnte Haus Schneider an der inzwischen ausgebauten Grünewaldstraße wartet darauf, dass es in den ursprünglichen Zustand zurückgebaut wird und die Autobahn einen Deckel erhält.

Ein Poloplatz in Flottbek

Eine große grüne Rasenfläche für eine ungewöhnliche Sportart: Das 300 Yard lange und 200 Yard breite Spielfeld ist für das nächste Turnier vorbereitet, die beweglichen Torpfosten sind aufgestellt, die langen Seiten durch Holzbretter begrenzt. Es werden sich zwei Mannschaften gegenüberstehen mit je vier Spielern, die in weißen Hosen und Knieschonern auf wendigen Ponys aus vollem Galopp einen kleinen Ball mit einem langen Holzschläger treffen und ins gegnerische Tor schlagen wollen. Nach sieben, acht Minuten wilder Hetzjagd unter Aufsicht von zwei berittenen Schiedsrichtern werden die Seiten und die Pferde gewechselt. Britische Husaren hatten im späten 19. Jahrhundert das Ballspiel und seine Regeln aus Indien nach Argentinien und nach Europa gebracht. 1898 gründeten Hamburger Gentlemen den ersten deutschen Polo Club; ihm verpachtete 1906 Martin Rücker Freiherr von Jenisch, der das von Martin Jenisch angelegte Mustergut Flottbek geerbt hatte, einen Teil des Geländes, auf dem zwei Turnierplätze angelegt wurden. Zu den Förderern gehörte der Polo-Spieler und Kaufhaus-Gründer Max Emden, der sich gleich nebenan vom Wiener Architekten Wilhelm Fränkel ein üppiges Landhaus mit Gartenanlage bauen ließ (links oben). Nach kurzem Zwischenspiel als Derby-Platz begann 1926 ein Neustart: Max Emden erwarb das Gelände für den Club, stiftete ein flaches Klubhaus an der Jenischstraße und zog sich zurück auf eine Insel im Lago Maggiore. Nach dem Zweiten Weltkrieg nahmen britische Besatzungsoffiziere den Platz in Beschlag und gaben ihn erst 1960 wieder frei. Zur Erinnerung daran wird nach den Turniertagen zu Britischen Tagen geladen, nicht zuletzt, damit die Besucher die aufgewühlte Grasnarbe wieder flach trampeln. Das Klubhaus ist fast unverändert geblieben, im Landhaus hat sich eine Privatschule eingerichtet, auf den östlichen Feldern (rechts) gedeiht seit 1979 der Neue Botanische Garten – der Weg dazwischen wurde 2013 nach Max Emden benannt.

Blankeneses Treppenviertel

Für norddeutsche Flachländer ein Gebirgszug mit Steilabhang: Willst du die Schweiz im Kleinen sehn, musst du nach Blankenese gehn. Rund um die Gastwirtsburg auf dem sagenumwobenen Süllberg krallen sich im bunten Gewirr Häuser an den Hang. Auf halber Höhe führt die Süllbergterrasse einmal um die Kuppe des Hügels herum. Die Stützmauern aus Findlingen und Beton sollen ein Abrutschen verhindern und die Bauplätze sichern. Der „Verkehr“ am Berg findet auf kleinen Wegen und Treppen statt; Lokalpatrioten haben insgesamt 4864 Stufen gezählt. Mit dem Ende des Fischfangs und der Frachtschifffahrt seit 1880 drangen Stadtflüchtige aus Hamburg und Altona in diesen idyllischen Vorort. Nur an wenigen Stellen ist noch die Bebauung der Alt-Blankeneser zu erkennen, so an der Elbterrasse (links) ein verstümmeltes Dreehus, das als Heimatmuseum vorgesehen war, später als Altentagesstätte genutzt wurde und seit Jahren auf die Renovierung wartet. Von hier aus, dem Blickbarg, hielten früher die Fischerfrauen nach ihren Männern und ihrem Fang Ausschau. Dem Betreiber einer Hamburger Baumarktkette hat es der Berg zu verdanken, dass der alte Söller mit Gastronomie nicht abgerissen wurde: Aus 80 Meter Höhe lässt sich nach umfangreicher Erneuerung in gepflegter Atmosphäre die unübertreffliche Aussicht weiterhin genießen.

Süllberg

Blankeneses Strandweg

Zu Füßen des Süllbergs Strand- und Badeleben: Wo einst Kutter an Land gezogen, Fische an langen Leinen getrocknet, Netze von Männerhänden geflickt wurden, sonnen und aalen sich die Sommerfrischler, buddelt die Jugend. Die alteingesessenen Familien der Breckwoldts, von Appens, Behrmanns, Krögers u.a. haben ihre Grundstücke an der autofreien Straße mit einfachen Wohnhäusern bebaut: Eingezogen sind Kapitäne, Schiffsoffiziere, Steuerleute, Lotsen, aber auch Beamte, Angestellte, Rentner. Die Anlegestelle Süllberg (links) liegt nur 500 Meter von der Landungsbrücke Blankenese „Op' n Bulln" entfernt, wird aber trotzdem von den Hadag-Dampfern bedient; vom Steg gelangt man direkt ins Café und Restaurant *Zum Bäcker*. Am Ende des Strandwegs gibt es noch eine Bootswerft und die Taucher- und Bergungsgesellschaft von Alnwik Harmstorf (links oben, nicht mehr im Bild). Vieles ist erhalten geblieben und nach den Sturmfluten von 1962 und 1976 mit Flutmauern und -toren geschützt worden. Der Weg wurde als Einbahnstraße mit gelben Pollern autogerecht gestaltet, ein Kleinbus bringt die Ausflügler bergab und bergauf. Ein Leuchtturm, nicht weit vom ehemaligen Anleger entfernt, wurde 2020 nach 36 Betriebsjahren und der Verbreitung der Fahrrinne abgerissen. Strandleben ist noch angesagt, Badeleben nicht mehr.

Ein Bankier in Rissen

Ein Landsitz auf sandigem Boden hoch über der Elbe: Im Jahr nach seiner Verheiratung erwarb der 31-jährige Hamburger Bankier Hermann Münchmeyer 1906 etwa 15 Hektar bloße Sanddünen und dürre Heideflächen weit außerhalb vom Getriebe der Stadt. Ein paar Jahre später ließ er sich ein schmuckes strohgedecktes Wohnhaus in Halbrundform errichten (Mitte). Rundherum schuf er mit viel Geduld eine Gartenlandschaft aus Stauden- und Blumenanlagen, in der Talsenkung zur Elbe beließ er es bei Heidekraut und Zwergkiefern; besonders stolz war er auf 86 verschiedene Nadelholzarten. Hier wuchs Alwin, sein einziger Sohn, auf, der ihm jede Ausgabe auf Heller und Pfennig belegen musste, um sich durch sparsames Wirtschaften auf die Übernahme des Bankgeschäfts vorzubereiten. Im Hintergrund ist ein Teil des Golfplatzes zu sehen: Als der Hamburger Golf-Club von 1906 sich mit seinen 329 Mitgliedern 1928 auf die Suche nach einem größeren Gelände machte, um von der 9-Loch- zur 18-Loch-Liga aufzusteigen, wurde ihm die kahle Gegend einer Kiesgrube am Falkenstein zur Pacht angeboten: Ein Architekten-Team aus Großbritannien gestaltete einen Berg- und Talkurs mit viel Rasengrün, etwas Heide, einigen Baumgruppen und 18 Löchern, davon zur Steigerung des Anspruchs drei, vier „versteckte". Die Einweihung am 24. Juli 1930 konnte in einem vornehmen Klubhaus gefeiert werden, das die beiden Hamburger Architekten Erich Elingius und Gottfried Schramm entworfen hatten. Sie waren es auch, die ein paar Jahre später Hermann Münchmeyer nicht weit vom Strohdachhaus ein neues Wohngebäude mit breiter Front zur Elbe bauten. Es ist vor ein paar Jahren fast über Nacht abgerissen worden; das Strohdachhaus steht noch, Falkenstein hält die Spitze der deutschen Golfplätze.

Eine Freilichtbühne in Harburg

Im Stadtpark am Westufer des Außenmühlenteichs: Die preußische Industrie- und Hafenstadt Harburg an der Süderelbe will auf ihrem Freizeitgelände auch Kunst und Kultur anbieten. Bereits vor dem Ersten Weltkrieg hatte der Gartenbaudirektor Georg Hölscher damit begonnen, auf den hügeligen Ausläufern der Harburger Berge einen Volkspark zu gestalten. Den Ausbau des Parks besorgten dann, wie in Altona, die aus dem Krieg zurückgekehrten und nach Beschäftigung suchenden Soldaten im Rahmen eines Notstandsprogramms, gefördert vom sozialdemokratischen Oberbürgermeister Walter Dudek. Die Ausstattung mit Spazier- und Wanderwegen, mit Liege-, Spiel- und Tanzwiesen, Spiel- und Sportstätten glich der des zur gleichen Zeit entstandenen Altonaer Volksparks: Zur Eröffnung im Mai 1926 sprach denn auch Altonas Gartendirektor Ferdinand Tutenberg anerkennende Worte. Gerade noch rechtzeitig war ein Theater an der frischen Luft eingebaut worden. Es liegt am Ende einer bewaldeten Schlucht auf einer kleinen Anhöhe: Bis zu 900 Zuschauer finden auf breiten Terrassen Platz und blicken hinab auf die Bühne, alles umgeben von frisch angepflanzten Bäumen und Hecken. Nachdem Harburg durch die Zusammenlegung mit Wilhelmsburg zur Großstadt angewachsen war, kam, wie in Altona, ein Schulgarten mit schönen und nützlichen Pflanzen hinzu. Was in den 1930er Jahren noch ausgiebig genutzt wurde, verkam nach dem Zweiten Weltkrieg. Erst 2014 sorgte die Abteilung Stadtgrün der Bezirksverwaltung dafür, dass „gartendenkmalrelevante Strukturen und Elemente teilweise wieder frei gelegt und erlebbar gemacht" wurden; ein paar Jahre später erhielt die Bühne noch ein geschwungenes Dach für wetterfeste Auftritte: Die Besucher können nun im Stehen Dichterlesungen, Konzerte, Theateraufführungen und andere Darbietungen genießen.

Eine Gärtnerei in Rönneburg

Ein Großbetrieb zu Füßen des Burgberges: Die Brüder Franz und Hermann Radicke hatten bereits 1899 nördlich der Meckelfelder Straße (oben quer, heute: Radickestraße) einen Gartenbaubetrieb (Mitte) angelegt. Es ging nicht um die Versorgung der Dorfbewohner und aus der nahegelegenen Großstadt Harburg-Wilhelmsburg Zugezogenen, die meist über eigene Gärten verfügten, sondern um den Großhandel mit Pflanzen und Sämereien. Neben Freilandkulturen und Mistbeeten wurden Beete unter Fensterglas angelegt, dann kamen Treibhäuser dazu, ein eigenes Kraftwerk sorgte für die Beheizung. Im großen Stil wurden Gemüse- und Gewürzpflanzen, Zierpflanzen und Ziergehölze angebaut und vermarktet. Der Betrieb wurde in der nächsten Generation von Carl Radicke südlich der Straße erweitert; dort ließ er sich 1929/30 von den beiden Architekten Friedrich Dyrssen und Peter Averhoff, die gerade das Empfangsgebäude des Flughafens Fuhlsbüttel fertigstellten, eine moderne Villa mit Flachdach (Mitte) errichten. Es war die Zeit, in der das aufstrebende Dorf über die Jägerstraße (oben links) an das Straßenbahnnetz angeschlossen wurde: Hier war die Endstation der Linie 33. Die knapp 50 Meter hohe baumbestandene Erhebung (oben rechts) hatte einst eine Befestigungsanlage getragen: „Ihr könnt von meinem Rücken / weit in die Runde blicken, bis Blankeneses ferne Höhen / kann euer Aug‘ nach Norden sehen.“ Kriegs- und Nachkriegszeit machten den Gartenbaubetrieben schwer zu schaffen, Familie Radicke gab ganz auf. Auf dem Gelände wurden Wohnhäuser errichtet und ein Bürodiscounter mit großem Parkplatz bietet gebrauchte Möbel an; neben der denkmalgeschützten Villa lassen sich Senioren in einer Wohnanlage mit Terrasse und kleinem Gartenrest betreuen.

Die Handelsgärtnerei von Süden aus gesehen mit Blick auf die Villa (Mitte); im Eckhaus (links) die Gaststätte „Zur Höpenburg" mit Verkaufsstelle der Produktion.

Wandsbeker Markt - nicht wiederzuerkennen

Eine grüne Ruhezone mitten in der Kleinstadt am östlichen Rande Hamburgs: Eingerahmt wurde sie links von der Lübecker Straße (heute: Wandsbeker Marktstraße) und rechts von der Schlossstraße, wo Straßenbahnen die Verbindung mit Hamburg herstellten. Um das Rondeel zu Füßen des schlanken Turms der Christus-Kirche fand regelmäßig ein Wochenmarkt statt – später verlegt ins Quarree. Gut zu sehen ist rechts daneben das von Fritz Höger gebaute Stormarn-Haus mit den angrenzenden Resten des Schlossparks, wo die Verwaltung des gleichnamigen Kreises ihren Sitz hatte. Regiert wurden die etwa 40.000 Einwohner seit 1913 von dem 1869 geborenen Erich Wasa Rodig, zuvor Bürgermeister von Potsdam; schräg gegenüber von dem 1922 eröffneten Kaufhaus Karstadt (unten) stand sein Rathaus an der Königstraße (nicht mehr im Bild), gerade einmal 300 Meter von der westlichen Stadtgrenze entfernt – kein Wunder, dass er sich schon früh für eine Groß-hamburg-Lösung ausgesprochen hatte; immerhin erreichte er die Eingemeindung von Jenfeld und Tonndorf-Lohe. Dies Brauhausviertel wurde fast vollstandig ein Opfer des britischen Bombenkriegs, wie auch die prächtigen Häuser für Ärzte, Kaufleute und Beamte am rechten Rand, darunter das Postamt 1 (rechts unten), das wegen eines Baustopps nicht wie geplant bereits 1939 abgerissen worden war; nun erhielt es erst 1953/54 einen schlichten Neubau am selben Platz. Wandsbek Markt ist seit 1962 eine riesige Drehscheibe des Öffentlichen Nahverkehrs.

Ein Schulneubau im Stile Schumachers

Nur wenige Schritte entfernt von den Gleisen der Hamburg-Lübecker-Bahn (oben) und vom Wandsbeker Lyzeum (heute: Charlotte-Paulsen-Gymnasium, nicht im Bild): 1929 wurde an der Rennbahn(heute: Bove)straße eine neue Volksschule für die Kinder aus Marienthal bezogen: Das Lerngebäude in L-Form empfing Jungen und Mädchen getrennt in zwei Treppenhäusern; treffen konnten sie sich im kompakten Mittel- und im flachen Vorbau, wo sich eine Aula sowie ein Gymnastiksaal befinden. In unmittelbarer Nähe gab es einen Sportplatz sowie eine große Turnhalle auch für Vereine. Innen und außen orientierte sich das Gebäude am Vorbild der in den Jahren zuvor vom Hamburger Oberbaudirektor Fritz Schumacher errichteten Schulen, um den Ansprüchen als künftiger Teil Großhamburgs genügen zu können: Verkleidung mit roten Klinkern und Abschluss mit einem Flachdach. Nach dem Rücktritt von Wandsbeks Oberbürgermeister Rodig 1931 trug die Schule ein paar Jahre lang seinen Namen, bis sie in Hermann-Göring-Schule umbenannt wurde. Den aktuellen Namen für Straße und Schule lieferten Vater und Sohn Christian Bove, die – in Argentinien reichgeworden durch Viehzucht und -handel – nach Rückkehr in die Heimat sich hier eine repräsentative Villa bauen und erweitern ließen (Dachspitze rechts unten); später wurde sie als Dienstwohnung der Wandsbeker Bürgermeister, als Heimatmuseum, als HJ-Heim und als Kindergarten genutzt und 1999 denkmalgerecht schick hergerichtet. Vor einigen Jahren ist auch die vierzügige Grundschule (ursprüngliche Baukosten: eine Million Reichsmark) für einige Millionen Euro von außen instandgesetzt und von innen vollständig saniert worden.

Vom Krankenhaus zum Klinikum

Ein ideales Gelände für ein Krankenhaus am nördlichen Rand des Marienthaler Gehölzes (rechts), eingerahmt von ruhigen Straßen: Zunächst gab es nur eine alte Villa sowie zwei Pavillons mit 80 Betten für Männer und Frauen. 1903 ermöglichte eine großherzige Spende der beguterten Wandsbekerin Marta Sauber den Bau eines Kinderhauses für 30 Kinder und einer Liegeterrasse (Bildmitte). 1913 wurde ein neues Operationshaus mit zwei Operationssälen sowie einem Narkose- und Röntgenzimmer fertiggestellt (Bildmitte). Nach dem Weltkrieg gelangen viele Erweiterungen: Zuerst die Aufstellung einer ehemaligen Offiziersbaracke für eine chirurgische Frauenstation mit vielen kleinen Zimmern und Blick auf die verpachteten Tennis-Plätze (oben rechts); dann ein zweistöckiges Ärztehaus mit zwei Chauffeurswohnungen im Erdgeschoss, Zimmern im Obergeschoss für Assistenzärzte und unterm Dach für Pflegekräfte, daneben die Leichenhalle (links). Besonders ansprechend gestaltet wurde das „Kostgängerhaus" für selbstzahlende Gäste mit verwöhnten Ansprüchen: alle Zimmer mit fließend Wasser, elektrisch Licht, Heizung und Lichtzeichenanlage; im Obergeschoss konnten 24 Krankenschwestern unterkommen (Mitte links). Schließlich wurde 1927 die alte Villa abgerissen, um einem dreigeschossigen Verwaltungsbau mit Haupteingang Platz zu machen (Mitte). Viel Sorgfalt wurde 1929 auf den Bau des neuen Kinderhauses mit Entbindungsstation gelegt (links oben): Terrassenförmig gestaltet lagen alle Zimmer nach Süden ausgerichtet mit breiter Liegeterrasse davor. Großer Wert wurde auf eine Diätküche gelegt: Der Leitende Oberarzt Dr. Rudolf Deussing setzte sich für eine fleischarme und gemüsereiche Kost mit viel frischem Obst sowie für Vollkorn- statt Feinbrot ein. In den letzten Jahrzehnten ist viel abgerissen und neugebaut worden, besonders nachdem ein Klinikkonzern das Allgemeine Krankenhaus 2007 übernommen hatte. Im Kinderhaus befinden sich nun eine Kita und eine Babyklappe.

Tabakverarbeitung in Wandsbek

Ein Zeppelin über einer Großbaustelle zwischen Walddörferstraße (links) und Wandse (rechts): Das Haus Neuerburg aus Köln hatte 1924 (wie zuvor Reemtsma in Bahrenfeld) damit begonnen, vor den Toren Hamburgs, Deutschlands größtem Umschlagplatz für Rohtabak, eine Riesenfabrik für die Herstellung von Zigaretten zu errichten. Ergänzungen folgten ein paar Jahre später: Durchgeführt wurden sie vom meistbeschäftigten Baumeister Hamburgs, dem 50-jährigen Fritz Höger, bekannt durch Geschäftshäuser in der Mönckebergstraße und durch Kontorhäuser in der Altstadt. Nach dem Motto „Bausteinrohbau ist alles, Putzbau ist Schminke" lieferte er ein Meisterstück seiner Kunst ab: Die 35 Fenster der breiten Fassade werden über alle fünf Geschosse von vertikalen Bändern getrennt, die wie Spiralen wirken, weil die flachen Klinkersteine jeweils um 15 Grad versetzt übereinander gemauert sind und sich so in die Höhe ranken. Die Vollendung des Vierecks steht noch aus. Die kleine Schwester der Zigarre hatte ihren Siegeszug bereits vor dem Ersten Weltkrieg angetreten: Sie passte in die Schnelllebigkeit der modernen Zeit und half mit ihrer Kürze auf eine Zigarettenlänge Pausen zu füllen. Nach dem Krieg setzte eine Konzentration der industriellen Fertigung ein: Reemtsma und Haus Neuerburg versorgten vier von fünf Rauchern mit Glimmstengeln zu 4, 5 und 6 Pfennigen, fusionierten in den 1930er Jahren und trennten sich nach dem Zweiten Weltkrieg wieder. Weil Haus Neuerburg mit seiner *Overstolz* die Entwicklung zur Filterzigarette verpasste, wurde es von einem von einem US-amerikanischen Tabakkonzern *(Camel)* übernommen und stellte 1982 die Produktion in Hamburg ein. Nach umfangreichen Umbaumaßnahmen bezog 1988 die Deutsche Bundespost den denkmalgeschützten Högerbau; Makler preisen in anderen Gebäudeteilen Büroflächen zu günstigen Mietpreisen und mit guter Ausstattung an.

Joachim Paschen, geboren 1944, Studium in Hamburg, München, Berlin, Promotion 1973 in Geschichte bei Prof. Fritz Fischer, Universität Hamburg, Direktor der Staatlichen Landesbildstelle Hamburg von 1987-2003. Autor zahlreicher Bücher zur Geschichte Hamburgs. Im Medien-Verlag Schubert erschienen: *Hamburg im Bombenkrieg (1993), Das neue Hamburg (1998), Fritz Schumacher – Mein Hamburg (1994), Unser schönes Hamburg (2019)*

Literatur

Bauche, Ulrich: Hamburg in historischen Luftbildern. Hamburg 1980

Beneke, Otto: Hamburgische Geschichten. Hamburg 1914

Berlage, Hans: Altona. Ein Stadtschicksal. Von den Anfängen bis zur Vereinigung mit Hamburg. Hamburg 1937

Bertram, Friedrich: Mein Hamburg. Heimatkundliche Spaziergänge und Plaudereien. Vier Teile. Hamburg 1921ff

Bröcker, Paul: Was uns das Gängeviertel erzählt. Hamburg 1910

Bruhns, Maike: Anita Rée. Leben und Werk einer Hamburger Malerin 1885-1933. Hamburg 1986

Bunge, Hans/Kähler, Gert (Hrsg.): Villen und Landhäuser. Bürgerliche Baukultur in den Hamburger Elbvororten 1900 bis 1935. Hamburg 2012

Clasen, Georg: Heimat Hamburg. Ein Gedenkbuch. Hamburg 1950

Cordes, August: Die St. Johannisgemeinde Harvestehude. Denkschrift zur Feier des 25-jährigen Bestehens. Hamburg 1907

Decker, Eva: Beim Trichter – Reeperbahn 1. (= Hamburger Bauheft 8) Hamburg 2014

Deussing, Rudolf (Hrsg.): Das Krankenhaus Wandsbek und seine Entwicklung. Hamburg 1938

Dogramci, Burcu (Hrsg.): Gustav Oelsner – Stadtplaner und Architekt der Moderne. Hamburg 2008

Donath, Matthias: Hamburg 1933-1945. Ein Architekturführer. Petersberg 2011

Dreckmann, Alfred: Bergedorfer Industrie in Texten und Bildern. Hamburg 1992

Dreckmann, Hans u.a.: Barmbek. Vom Dorf zur Großstadt. Ein Heimatbuch. Hamburg 1965

Finder, Ernst: Die Vierlande. Hamburg 1922

Frahm, Walter: Wandsbek – unsere Stadt in Wort und Bild. Wandsbek 1935

Frantz, Jürgen: Lokstedt-Niendorf-Schnelsen. Drei preußische Gemeinden werden Hamburger Stadtteile. Hamburg 2012

Fremdenverkehrsverein Hamburg e.V. (Hrsg.): Führer durch Hamburg. Hamburg 1928

Fremdenverkehrsverein Hamburg e.V. (Hrsg.): Hamburg Führer, Hamburg 1936

Fricke, Helmuth: Hamburg-Wandsbek. Erfurt 2004

Frilling, Hildegard/Mischer, Olaf: Pütt und Pann'n. Geschichte der Hamburger Hausmüllentsorgung. Hamburg 1994

Führer durch den Flughafen Hamburg-Fuhlsbüttel. Hamburg 1932

Gebhard, Julius: Fritz Höger – Baumeister in Hamburg. Hamburg 1952

Gretzschel, Matthias: St. Marien-Dom in Hamburg. Regensburg 2011

Gutsche, Susanne u.a.: Dulsberg aus der Luft 1922-1942. Hamburg 2005

Hamburg. Photographische Aufnahmen von Albert Renger-Patzsch. Einleitung von Fritz Schumacher. Hamburg 1930

Hamburg und seine Bauten unter Berücksichtigung der Nachbarstädte Altona und Wandsbek. Hamburg 1914

Hamburg und seine Bauten mit Altona, Wandsbek und Harburg-Wilhelmsburg 1918-1929. Hamburg 1929

Hamburger Adressbuch 1900ff

Hamburg von Altona bis Zollenspieker. Das Haspa-Handbuch für alle Stadtteile der Hansestadt. Hamburg 2002

Hammer, Friedrich: Kirche in politischen Ausnahmesituationen. Erlebnisse eines Pfarrers in Hamburg und Altona 1930-1956. In: Zeitschrift des Vereins für Hamburgische Geschichte 77 (1991), S. 77-100

Hansen, Adolph/Sottorf, Rudolf: Die Kollauer Chronik. Bd. 3. Hamburg 1938

Hansestadt Hamburg – Das Tor zur Welt. Ein Bildbuch. Hamburg 1938

Harbeck, Hans: Das Buch von Hamburg. München 1930

Harder, Hans: Wer wandert mit? Altona 1932

Harms, Hans/Schubert, Dirk: Wohnen in Hamburg – ein Stadtführer. Hamburg 1989

Hipp, Hermann: Freie und Hansestadt Hamburg. Köln 1989

Hipp, Hermann (Hrsg.): Haus K. in O. 1930-32. Berlin 2005

Hölscher, Ferdinand: Der Harburger Stadtpark. In: Der Deutsche Gartenarchitekt 4 (1927) S. 25-28

Hoffman, Paul Th.: Die Elbchaussee. Ihre Landsitze, Menschen und Schicksale. Hamburg 1958

Knigge, Jobst C.: 100 Jahre Fritz-Schumacher-Siedlung in Hamburg. Berlin 2016

Koch, H.: Gartenbauausstellung Altona 1914. Hamburg 1915

Kopitzsch, Franklin/Tilgner, Daniel (Hrsg.): Hamburg Lexikon. Hamburg 1998

Krogmann, Carl Vincent: Bellevue. Die Welt von damals. Hamburg 1960

Kultur- und Geschichtskontor (Hrsg.): 850 Jahre Bergedorf. Eine Stadtgeschichte. Hamburg 2012

Lange, Rolf: Architektur in Hamburg. Der große Architekturführer. Hamburg 2008

Lotter, Ehrhart: Das Arbeitsdienstlager Höltigbaum 1932-1937. In: Rahlstedter Jahrbuch für Geschichte & Kultur. Hamburg 2007

Lubitz, Jan: Geformter Raum. Die Hamburger Architekten Bensel, Kamps&Amsinck. Hamburg 2016

Marcinowski, Franz: Hamburger Staatsbauten von Fritz Schumacher. In: Zentralblatt der Bauverwaltung, 42. Jg., Nr. 103 v. 23.12.1922, S. 631-634

Marg, Volker/Schröder, Reiner: Architektur in Hamburg seit 1900. Hamburg 1993

Melhop, Wilhelm: Alt-Hamburgische Bauweise. Kurze geschichtliche Entwicklung der Baustile in Hamburg. Hamburg 1925

Melhop, Wilhelm: Historische Topographie der Freien und Hansestadt Hamburg von 1895-1920 mit Nachträgen bis 1924. Zwei Bände. Hamburg 1923/25

Moerschel, Wilhelm: Der Hamburger Zentralviehmarkt als Umschlagplatz für Schlachtvieh. Bottrop 1933

Nabasık, Anja/Nottrodt, Adolf: 100 Jahre Müllverbrennung in Hamburg. Hamburg 1996

Neuenhüsges, Klaus: „Niemanden aufgeben…" Die kurze Geschichte des Hamburger Strafvollzuges. Hamburg 2016

Orfix-Stadtplan: Hamburg, Altona und Wandsbek. Hamburg 1928

Ostermann, Ingrid: Fabrikbau und Moderne in Deutschland und in den Niederlanden der 1920er und 30er Jahre. Berlin 2010

Otto, Reinhard: 150 Jahre Friedrichsberg. Von der Irrenanstalt zur Klinik im Wohnpark. Hamburg 2015

Prager, Hans Georg: Blohm+Voss. Schiffe und Maschinen für die Welt. Herford 1977

Rodig, Erich Wasa: Die Wandsbeker Lebenserinnerungen. Hrsg. v. Thomas P. Reiter. Hamburg 1998

Rückner, Silke: Hamburg-Barmbek-Nord. Erfurt 2011

Ruppel, F.: Der Neubau eines Hafen- und Polizei-Krankenhauses in Hamburg. In: Centralblatt der Bauverwaltung, 18. Jg., Nr. 35 v. 27.8.1898, S. 409-411

Saß, Johannes: Hamburg. Eine Heimatkunde. Hamburg 1937

Schilling, Jörg: Der Zentralschlachthof 1892 bis heute. (= Hamburger Bauheft 19) Hamburg 2017

Schmidt, Irene: Rönneburg. Hamburg 1992

Schmidt, Rudolf: Das schöne Hamburg. Bilder aus Gegenwart und Vergangenheit. Aufnahmen von Hans Hartz. Hamburg 1939

Schreiber, Daniel: Das Zeughaus. Hamburg 2000

Schreyer, Alf: Vor 60 Jahren kaufte Hamburg das Gut Wulfsdorf. In: Unsere Heimat – Die Walddörfer 1985/3, S. 40f

Schubert, Uwe: Die Walddörfer im Wandel. Hamburg 1991

Schule Ernst-Henning-Straße 75 Jahre. Hamburg 1985

Schumacher, Fritz: Das Werden einer Wohnstadt. Bilder aus dem neuen Hamburg. Hamburg 1984

Schütt, Ernst Christian: Chronik Hamburg. Gütersloh 1997

Schwarz, Wilhelm: But'n Dammdoor. Aus der Vergangenheit des hamburgischen Stadtteiles Harvestehude-Rotherbaum. Hamburg 1928

Schwieker, Friedrich: Hamburg. Eine landschaftskundliche Stadtuntersuchung. Hamburg 1925

Seeler, Siegfried und Ingrid: Bramfeld. Vom Dorf zum Stadtteil. Hamburg 1988

Sievers, H.: Heimatkunde von Altona. Altona 1926

Stegmann, Knut: Das Bauunternehmen Dyckerhoff & Widmann. Tübingen 2014

Timm, Christoph: Gustav Oelsner und das Neue Altona. Hamburg 1984

Voigt, Johann Friedrich: Barmbeck als Dorf um 1750, als Vorort von Hamburg um 1867 und als Stadtteil von Hamburg 1894-1910. Hamburg 1910

Vollstädt, Simone: Das Kirchspiel Ochsenwerder. Hamburg 1995

Warnke, Helmuth: Der verratene Traum Langenhorn. Hamburg 1983

Wehrs, Jürgen: Otto Stockhausen. Eine Biographie. Rosengarten 2016

Weygandt, Wilhelm: Die Staatskrankenanstalt Friedrichsberg und Psychiatrische Universitätsklinik Hamburg. Düsseldorf 1928

Wiesmüller, Benno/Lawrenz, Dierk: Die Hamburger Rangier- und Güterbahnhöfe. Freiburg 2009

Will, Carl: Hamburg – eine Heimatkunde in vier Bänden. Hamburg 1954ff

Wulff, Günter: Chronik der Fritz-Schumacher-Siedlung 1920-1995. Hamburg 1996

Bildmaterial: Staatsarchiv Hamburg, mit freundlicher Genehmigung.

Unser Verlagsprogramm

Hamburg
Altona von A–Z
Barmbek von A–Z
Eimsbüttel von A–Z
Eppendorf von A–Z
Feuerwehr-Buch Hamburg, das Große
Grobecker, Kurt: On air – Reporter beim Norddeutschen Rundfunk
Hamburg in Luftaufnahmen von 1930 (Bd. 2)
Hamburger Hafen, der
Hamburg im Bombenkrieg –1940–1945
Hamburgs Neustadt im Wandel
Hamburgs stolze Fregatten – Konvoischifffahrt im 17. Jahrhundert
Hamburgs Straßennamen erzählen Geschichte
Harburg – von 1970 bis heute
Harburg von A–Z
Harburgs schönste Seiten
Pompöser Leichenzug zur schlichten Grabstäte – ... St. Michaelis
Rothenburgsort, Veddel im Wandel
Unser schönes Hamburg in Luftaufnahmen von 1930
Winterhude von A–Z

Schleswig-Holstein
Bad Oldesloe
Bad Segeberg im Wandel
Bad Segebergs schönste Seiten
Kiels schönste Seiten
Sagenhaftes Sylt
So kochte Sylt
St. Peter-Ording
Sylt – Die großen Jahrzehnte
Sylt – Noch mehr Inselgeschichten
Sylt im Wandel – Menschen, Strand und mehr
Sylt prominent
Sylts schönste Seiten

Niedersachsen
Buchholz in der Nordheide
Cuxhaven – Maritime Stadt mit Zukunft und Geschichte
Cuxhaven – Stadt am Tor zur Welt
Göttingens schönste Seiten
Hannover in Luftaufnahmen von 1930
Hannovers schönste Seiten
Hannovers Straßennamen erzählen Geschichte
Ostfriesland
Stade und das Alte Land
Verden, der Landkreis
Wo ich hergekommen bin – Georg von der Vring

Nordrhein-Westfalen
Dortmunds schönste Seiten
Düsseldorfs schönste Seiten
Duisburg – Stadt an Rhein und Ruhr
Heinsberg, der Kreis
Kölns schönste Seiten
Siegen und das Siegerland

Baden-Württemberg
Freudenstadt, der Landkreis
Konstanz
Konstanz schönste Seiten

Bayern
Boten aus Stein – Alte Kirchen im Werdenfelser Land, am Staffelsee und im Ammergau

Unser Programm im Internet: www.medien-verlag.de